# CATALOGUE
RAISONNÉ

D'UNE BELLE COLLECTION

# D'ESTAMPES

D'ANCIENS GRAVEURS

ITALIENS, ALLEMANDS, FLAMANDS & HOLLANDAIS,

AUX XVᵉ, XVIᵉ ET XVIIᵉ SIÈCLES,

Telles que les pièces les plus remarquables des Baldini, Mantègne, Marc Antoine, Albert-Durer, Lucas de Leyde, Jean Duvet, Rembrandt, Van Dyck, etc.,

QUI COMPOSAIENT LE CABINET DE M. B. D**.,

PAR P. DEFER. *Benjamin Delessert*

DONT LA VENTE AURA LIEU

### Le Lundi 29 Mars 1852,

Et les cinq jours suivants, à une heure de relevée,

## HOTEL DES VENTES
## RUE DES JEUNEURS Nº 42,

Salle n. 2,

Par le ministère de Mᵉ BONNEFONS DE LAVIALLE,

Commissaire-Priseur.

EXPOSITION PUBLIQUE

Les Samedi 27 et Dimanche 28 Mars 1852, de midi à 5 heures.

CE CATALOGUE SE DISTRIBUE A PARIS :

Chez MM. 
- BONNEFONS DE LAVIALLE, Commissaire-Priseur, rue de Choiseul, 11.
- DEFER, ancien marchand d'Estampes, Expert dirigeant la Vente, quai Voltaire, 21.
- POTIER, Libraire, quai Voltaire, 9.

## 1852

Imprimerie MAULDE et RENOU.

# CATALOGUE
RAISONNÉ
D'UNE BELLE COLLECTION
# D'ESTAMPES
D'ANCIENS GRAVEURS
ITALIENS, ALLEMANDS, FLAMANDS & HOLLANDAIS,

AUX XV<sup>e</sup>, XVI<sup>e</sup> ET XVII<sup>e</sup> SIÈCLES,

Telles que les pièces les plus remarquables des Baldini, Mantègne, Marc Antoine, Albert-Durer, Lucas de Leyde, Jean Duvet, Rembrandt, Van Dyck, etc.,

QUI COMPOSAIENT LE CABINET DE M. B. D<sup>E</sup> *Lessert*. —

## PAR P. DEFER.

DONT LA VENTE AURA LIEU

### Le Lundi 29 Mars 1852,

Et les cinq jours suivants, à une heure de relevée,

**HOTEL DES VENTES**
## RUE DES JEUNEURS N° 42,
Salle n. 2,

Par le ministère de M<sup>e</sup> BONNEFONS DE LAVIALLE,
Commissaire-Priseur.

**EXPOSITION PUBLIQUE**

Les Samedi 27 et Dimanche 28 Mars 1852, de midi à 5 heures.

CE CATALOGUE SE DISTRIBUE A PARIS :

Chez MM.
- BONNEFONS DE LAVIALLE, Commissaire-Priseur, rue de Choiseul, 11.
- DEFER, ancien marchand d'Estampes, Expert dirigeant la Vente, quai Voltaire, 21.
- POTIER, Libraire, quai Voltaire, 9.

**1852**

## SE DISTRIBUE A L'ÉTRANGER.

A LONDRES.    Chez MM. P. et D. Colnaghi, marchands d'estampes.
                     M. Graves, marchand d'estampes.
                     M. Evans,            Id.
A AMSTERDAM. M. Buffa et Comp., marchand d'estampes du roi.
A LIÉGE.        M. Van Marcke,        Id.
A LEIPSIC.     M. Rudolphe-Weigel, libraire.
A MANNHEIM.   MM. Artaria et Fontaine, marchands d'estampes.
A VIENNE.      M. Artaria.

La Collection dont nous donnons le catalogue est remarquable à plus d'un titre ; elle se compose d'une suite d'anciens graveurs italiens qui ont concouru avec les orfèvres florentins et allemands à propager la découverte que l'un d'eux, Maso Finiguera, avait faite de l'impression de ses gravures. Plusieurs de ces pièces sont de la plus grande rareté, nous signalerons principalement le n° 4 des Anonymes, belle pièce qui n'est décrite par aucun calcographe. Cette suite comprend aussi les œuvres des *Baldini*, des *Mantègne*, des *Jean de Bresse*, des *Campagnola*, et autres peintres graveurs qui ont précédé *Marc-Antoine*.

De ce graveur célèbre que Raphaël à guidé dans l'exécution de ses planches, nous possédons plus de cent soixante pièces, les plus belles de son œuvre et en premières épreuves ; parmi les plus rares nous citerons le martyre de Saint Laurent, épreuve dite aux deux fourches, et nous ferons remarquer que depuis la vente de la collection de M. Debois, en 1845, de laquelle proviennent les principales pièces que nous décrivons, il n'est pas paru en vente un aussi beau et nombreux choix d'estampes de *Marc-Antoine*.

Dans l'Ecole Allemande, les graveurs tels que : *le Maître de 1466*, *Martin Schoen*, des maîtres anonymes et *Albert Durer* dont l'œuvre se trouve presqu'au complet en très belles épreuves, et parmi lesquelles on remarque la pièce si rare du Pommeau d'épée de Maximilien.

Dans l'Ecole Flamande, des pièces de graveurs anonymes du XVe siècle, plusieurs morceaux de *Lucas de Leyde,* et au XVIIe siècle l'élite de ces peintres flamands qui ont perfectionné l'eau-forte, tels que *Rembrandt* dont nous possédons les plus beaux morceaux en premiers états, et les superbes portraits d'*Antoine Van Dyck,* épreuves avant la lettre.

Enfin, une suite de vieux maîtres, tels que *Noël Garnier* et *Jean Duvet* qui nous font aussi connaître la première époque de la gravure en France.

Des morceaux rares de Xylographie complètent cette collection des maîtres des trois premiers siècles de la gravure. Nous ajouterons que toutes les estampes qui la composent proviennent de cabinets célèbres vendus en Europe depuis quinze ans.

# ORDRE DES VACATIONS.

### 1ʳᵉ VACATION, *Lundi 29 Mars.*

Lucas de Leyde, les nᵒˢ 449 à 459. — Rembrandt, 483 à 497. — Albert Durer, 373 à 386 et 283 à 300. — Marc-Antoine, 36 à 62. — Cartes à jouer, 581 à 582. — Garnier et J. Duvet, 583 à 601.

### 2ᵐᵉ VACATION, *Mardi 30 Mars.*

Italiens anonymes, les nᵒˢ 183 à 191. — Caraglio, Bonasone et le Maître au Dé, etc., 192 à 206. — Albert Durer, 301 à 320. — Marc Antoine, 63 à 85. — Nielles, 1 à 2. — Anonymes italiens, 3 a 8. — Baldini, 9 à 12 bis. — Rembrandt, 515 à 531. — Anonymes français, 602 à 603. — Graveurs français, 604 à 607. — Rembrandt, 561 à 572.

### 3ᵐᵉ VACATION, *Mercredi 31 Mars.*

Rembrandt, les nᵒˢ 573 à 580. — Lucas de Leyde, 460 à 474. — Albert Durer, 321 à 330. — Le Graveur de 1466 et Martin Schoen, 256 à 265. — Marc Antoine, 86 à 110. — Italiens vieux maîtres, 21 à 35. — Mantuan, etc., 207 à 217.

### 4ᵐᵉ VACATION, *Jeudi 1ᵉʳ Avril.*

Rembrandt, les nᵒˢ 498 à 505. — Camaïeux, 243 à 255. Albert Durer, 331 à 342. — Mecken, 266 à 271. — Rembrandt, 506 à 514. — Marc Antoine, 111 à 133. — Rubens et Van Dyck, 476 à 482. — Rembrandt, 539 à 551, 532 à 538.

5<sup>me</sup> VACATION, *Vendredi 2 Avril.*

Anonymes, etc., les n<sup>os</sup> 218 à 242. — Albert Durer, 343 à 360. — Marc Antoine, 134 à 160. — Mantegne, 13 à 20. — Rembrandt, 552 à 560. — W. d'Olmutz et autres maîtres, 274 à 282. — Maîtres allemands, 401 à 408.

6<sup>me</sup> VACATION, *Samedi 3 Avril.*

Hopfer, les n<sup>os</sup> 409 à 418. — Anonymes, 419 à 426. — Le Prince Rupert et autres, 427 à 429. — Albert Durer, 360 à 372. — Xylographie, etc., 430 à 448. — Marc Antoine, 161 à 182. — Luc Cranach, le Maître aux bourdons croisés et le Maître au caducée, 397 à 400.

Livres à figures n<sup>os</sup> 608 à 619, et dessins 620 à 628.

Articles omis, 629 à 632.

---

## CONDITIONS DE LA VENTE.

Il y aura exposition des estampes qui seront vendues dans la vacation de chaque jour, le matin avant la vente de dix heures à midi. Cette exposition mettant à même MM. les amateurs et marchands de juger de la qualité et conservation des estampes, il ne sera admis aucun cas rédhibitoire, une fois l'adjudication prononcée.

Il sera perçu cinq pour cent, en sus des enchères, applicables aux frais.

---

## ABRÉVIATIONS.

P. en H. signifie pièce en hauteur.

P. en L. signifie pièce en largeur.

Les numéros entre parenthèses sont ceux du Peintre-Graveur de *Bartsch* pour les maîtres des Écoles italienne, allemande et flamande et ceux du Peintre-Graveur français par M. Robert Dumesnil pour les graveurs français.

# TABLE DES MAITRES.

| | |
|---|---|
| **Aldegrever** . . . . . . . . . . . | 406 à 407 |
| **Anonymes italiens**, XVe siècle . . . . | 3 à 7 |
| — XVIe siècle. | 183 à 191, 218 à 221. |
| — **allemands**, XVe et XVIe siècles . | 419 à 426, 430 à 444 |
| **Anonymes flamands**, XVe et XVIe siècles. | 445 à 447 |
| — **français**, XVe et XVIe siècles. | 581 à 582, 602. |
| **Assen** (Jean Van) . . . . . . . . | 448 |
| **Baldini** (Baccio). . . . . . . . . | 9 à 12 bis. |
| **Baudouin Grun** (Hans). . . . . . | 401 |
| **Beham** (Hans Sebald). . . . . . . | 402 |
| **Bonasone** (Jules). . . . . . . . | 197 à 199 |
| **Bononiensis** (Francesco) . . . . . | 240 |
| **Bosse** (Abraham) . . . . . . . . | 604 |
| **Bresse** (Jean de) . . . . . . . . | 25 |
| **Brosamer** (Hans) . . . . . . . . | 408 |
| **Camaïeux ou clair obscur** . . . . | 243 à 255 |
| **Campagnola** (Jules) . . . . . . . | 29 à 30 |
| — (Dominique) . . . . . | 31 à 32 |
| **Caraglio** (Jacques) . . . . . . . | 192 à 196 |
| **Carrache** (Augustin) . . . . . . . | 233 à 234 |
| — (Annibal) . . . . . . . | 235 à 236 |
| **Cartes à jouer** . . . . . . . . . | 581 à 582 |
| **Catalogues** . . . . . . . . . . | 614 à 619 |
| **Corneille** (Michel) . . . . . . . | 605 |
| **Cranac** (Lucas) . . . . . . . . . | 387 à 391 |
| **Dessins** . . . . . . . . . . . . | 620 à 628 |
| **Durer** (Albert) . . . . . . . . . | 283 à 386 |
| **Duvet** (Jean) . . . . . . . . . . | 587 à 601 |
| **Dyck** (Antoine Van) . . . . . . . | 477 à 482 |
| **École de Fontainebleau** . . . . . | 216 à 217 |
| **Enée Vico** . . . . . . . . . . . | 206 |
| **Fragonard** (Honoré) . . . . . . . | 607 |
| **Fontainebleau** (Voyez Ecole). | |
| **Garnier** (Noël) . . . . . . . . . | 583 à 586 |
| **Gaultier** (Léonard) . . . . . . . | 602 |
| **Ghisi** (Voyez Mantuan). | |
| **Goya** (François) . . . . . . . . | 241 à 242 |
| **Graveurs italiens** . . . . . . . | 1 à 255 |

|   |   |   |
|---|---|---|
| — allemands | 256 à 444 |
| — flamands | 445 à 580 |
| — français | 581 à 608 |
| — en bois | 430 à 442 |

**Grun** (Voyez Baudouin).
**Hopfer** (Daniel, Jérôme et Lambert). . . . 409 à 418
**Kartarus** (Marius). . . . . . . . . . 214
**Loli** (Laurent). . . . . . . . . . . 237
**Lucas de Leyde**. . . . . . . . . 449 à 474
**Maîtres inconnus** (Voyez anonymes).
**Maîtres au monogramme B. M.** . . 281 à 282
— — **H. E.** . . 215
**Maître au dé**. . . . . . . . . . 200 à 205
— **au caducée**. . . . . . . 394 à 400
— **de 1466**. . . . . . . . 256
— **aux bourdons croisés** (V. Pilgrim).
**Mair**. . . . . . . . . . . . . 276 à 277
**Mantègne** (André). . . . . . . . 13 à 20
**Mantuan** (George Ghisi dit). . . . . 207 à 213
**Marc Antoine** (Raimondi). . . . . 36 à 182
**Marc de Ravenne** (Voyez Marc Antoine).
**Martin Schongauer** (Voyez Schongauer).
**Mecken** (Israël de). . . . . . . . 266 à 271
**Montagna** (Benoit). . . . . . . . 26 à 28
**Nielles florentins**. . . . . . . . 1 à 2
**Nicoleto de Modène**. . . . . . . 21 à 23
**Olzmutz** (Venceslas d'). . . . . . . 274
**Pencz** (George). . . . . . . . . 403 à 405
**Pilgrim** (Jean Ulrich). . . . . . . 392 à 393
**Rembrandt dit Van Ryn** (Paul) . . . 483 à 580
**Robetta**. . . . . . . . . . . . 34 à 35
**Rota** (Martin). . . . . . . . . . 232
**Rosa** (Salvator). . . . . . . . . 238
**Rubens**. . . . . . . . . . . . 476
**Rupert** (le prince). . . . . . . . 427
**Salvator Rosa** (Voyez Rosa).
**Schiaminosi**. . . . . . . . . . 239
**Schongauer** (Martin). . . . . . . 257 à 265
**Valter Van Assen** (Voyez Assen).
**Vernet** (M. Horace). . . . . . . . 608
**Watteau** (Antoine). . . . . . . . 606
**Wierix** (Jean et Jérôme) . . . . 292, 327, 340, 603.
**Xylographie** . . . . . . . . . 430 à 442
**Zoan** (Andrea). . . . . . . . . 24

# DÉSIGNATION DES ESTAMPES

## PREMIÈRE PARTIE.

**XYLOGRAPHIE.** (Voyez gravure sur bois page 86.)

**Graveurs Italiens aux XV<sup>e</sup>, XVI<sup>e</sup> et XVII<sup>e</sup> siècles.**

**NIELLES.** Essais de gravures des orfèvres florentins au XV<sup>e</sup> siècle.

1 — Conversion de Saint Paul (N° 139 de l'ouvrage. *Essais sur les nielles*, par Duchesne aîné). P. en H. et cintrée.

2 — Hercule combattant l'Hydre, au milieu un P qui dénote, selon M. Duchesne, le nom de *Peregrini*. Petite pièce carrée (N° 249. *Essais sur les nielles*, etc).

**ANONYMES ITALIENS** au XV<sup>e</sup> siècle. (Bartsch, vol. 13.)

3 — Les Cartes de Tarots. *Première suite*, Caliopé XI, 2<sup>e</sup> classe, (n. 28).

— Forteza XXXVI, 4<sup>e</sup> classe (n. 53). La marge du bas coupée.

Deux pièces rares (*)

---

(*) Elles font partie d'un jeu de cinquante cartes dit de tarots, décrit par *Bartsch*, *Ottley* et *Cigognara*, et aussi dont parlent MM. Duchêne et *Lebér* dans leurs ouvrages sur les cartes à jouer. Bartsch cite deux suites, l'une comme originale, l'autre comme copie ; elles sont d'une extrême rareté.

4 — Résurrection de Notre-Seigneur. Il est au milieu de l'estampe sortant du tombeau drapé du linceul ; il tient un drapeau de la main gauche et semble montrer le ciel de la main droite, ayant deux doigts seulement ouverts, les autres fermés. A ses pieds, deux soldats couchés, celui à sa droite vient de se réveiller, celui à sa gauche dort encore, la tête posée sur son bouclier. Le fond offre la vue du Calvaire et une ville en avant d'un château fortifié. H. 36 c. L. 30 c.

Cette belle estampe, dont la composition rappelle celles de Mantegne, est de la plus insigne rareté et d'une parfaite conservation ; elle est inédite et n'est décrite par aucun calcographe ; la marque du papier est une espèce de compas à demi ouvert ; elle a été apportée d'Italie par *M. Volpato*, conservateur du Musée de Turin.

5 — Le Christ sortant du sépulcre ; il est soutenu à gauche par la Vierge, à droite par saint Jean. Cette composition a été attribuée à *Sandro Boticelli*. H. 22 c. L. 18 c.

Pièce rare ; elle vient de la collection de *M. Robert Dumesnil*. Vendue à Londres en 1832.

6 — La Vierge et l'Enfant-Jésus. La Vierge assise sur un trône, l'Enfant-Jésus sur ses genoux, est couronnée par des anges ; divers personnages sont à ses genoux en adoration. Ce sujet est entouré de onze autres épisodes de la vie de la Vierge. La composition est attribuée à *Sandro Boticelli*. H. 22 c. L. 18 c.

Pièce curieuse et rare ; elle vient de la collection de *M. Robert Dumesnil*.

7 — Virginius tuant sa propre fille devant le consul Appius. P. en L. sans marque, gravée par un vieux maître italien dans la manière de Robetta (*Bartsch, vol. XIII*, p. 108, n. 5).

**MAITRE A MONOGRAMME.** (*Bartsch*, vol. 13, p. 388.)

8 — Femme assise à terre à droite ; elle montre deux enfants nus à gauche de l'estampe et qui s'embrassent. Au bas du coin, à droite, un écusson où est le monogramme. P. en H. (2).

Belle épreuve d'une pièce rare dont le genre de gravure tient de Robetta.

**BALDINI** (Baccio ou Bartholomeo) vivait, selon Vasari, entre les années 1460 et 1480. (*Bartsch*, vol. 13.)

9 — L'Enfer. On lit au coin du haut à gauche. *Questo « Elinferno » del chapo Santo de Pisa.* Cette composition est celle peinte au campo Santo de Pise, où *Organa* reproduisit les terribles imaginations du Dante. L. 28 c. 5 m. H. 21 c. 8 m.

Pièce non décrite par *Bartsch*, mais mentionnée par *Ottley* et *Cigognara*.

10 — Les Prophètes. Suite de vingt-quatre estampes en hauteur (1 à 24). Ces prophètes sont représentés assis dans diverses attitudes, les uns sur des trônes, les autres sur des siéges ignés dont les flammes s'étendent à gauche et à droite dans une direction horizontale. Le nom de chaque prophète est gravée au haut de la planche ; il y en a quelques-uns où l'on remarque une banderole avec une inscription. Dans la marge d'en bas de chacune de ces pièces, sont huit vers italiens.

Cette suite, d'une rareté extrême, est celle que *Bartsch* désigne comme copie par un vieux maître, et suivant toute apparence, la même dont *Strutt* (tom. 1er, chap. VI, pag. 22) a raison de dire qu'elle est d'un style supérieur à celui des originaux et qu'elle ne leur ressemble nullement dans la partie mécanique, étant d'un travail dans le goût de celui de *Mantegna*.

11 — Les Sibylles. Suite de douze pièces que Bartsch décrit aux anonymes (vol. XIII, p. 92, 3ᵉ section, n. 9 à 20); elles sont dessinées et gravées exactement dans la même manière que la suite des prophètes et viennent incontestablement du même graveur. Ces sibylles sont représentées assises, leurs noms gravés au haut de la planche, et il y en a quelques unes où l'on remarque des banderoles avec inscriptions. Dans la marge du bas, huit vers italiens.

Cette suite, de la plus grande rareté, diffère de celle de Baldini à l'exception des nᵒˢ 12 et 20 que ce graveur anonyme a copiés sur celles de ce maître. Nous ne possédons que neuf pièces de cette suite; il nous manque les n. 9, 10 et 11.

12 — Vignettes pour l'édition de Dante, faite à Florence en 1481, par Nicholo de Lorenzo della Magna (B. vol. 13, p. 175).

— Chant 1ᵉʳ. P. en L. (37). La marge du bas manque.

12 bis. — Chant 2ᵉ. P. en L. (38). Dans la marge du bas on lit : *Canto secondo della prima cantica* en caractère d'impression.

**MANTÈGNE** (André), peintre et graveur au burin. Selon l'abbé Zani (*Materiali*, etc., p. 141), Mantègne naquit à Padoue en 1431, et mourut à Mantoue le 15 septembre 1506. Bartsch, vol. XIII, décrit vingt-trois pièces de ce maître; elles ne portent ni nom ni date.

13 — La Sépulture, P. en L. (3). Cette estampe, dont Vasari fait mention, est une des plus parfaites de l'œuvre de *Mantègne*. Il y a une copie de ce morceau par *Zoan Andrea*.

14 — Copie de l'estampe ci-dessus par un anonyme au XVIIIᵉ siècle.

15 — Jésus-Christ descendant aux limbes. P. en H. (5). Très belle épreuve d'une grande vigueur de ton.

16 — Jésus-Christ ressuscité. P. en H. (6). Beau morceau cité par Vasari. *Jean de Bresse* l'a copié.

17 — Le Sénat de Rome accompagnant un triomphe (11).

18 — Les éléphants portant des torches (12).

19 — Les soldats portant des trophées (13). Ce morceau n'a pas été entièrement achevé. La partie supérieure du côté gauche y est encore en blanc.

— Répétition de la pièce précédente (14), elle est en contre-partie, et les parties laissées blanches dans la pièce précédente sont terminées dans celle-ci. De plus, il y a une colonne servant à séparer le sujet destiné à suivre celui-ci, laquelle ne se trouve pas dans l'autre planche (dans notre épreuve cette colonne ne se trouve pas).

Cette planche et les trois qui précèdent sont des premières idées des sujets exécutés depuis par Mantègne dans le Triomphe de Jules-César à Mantoue, mais avec quelques changements. Ces neuf tableaux peints en détrempe sur toile qui ont fait partie de la collection du roi Charles I<sup>er</sup>, sont aujourd'hui au palais d'Hampton-Court; ils ont été gravés en clair-obscur par *André Andreani* et aussi au burin par *Audenaerde* de Gand.

19 bis. — Hercule étouffant Anthée; il le tient en l'air, serré avec son bras gauche, et le prend avec la main droite; à gauche, le long du bord de l'estampe, on lit : Divo Herculi Nivicto. P. en H. (16).

20 — Bacchanale au Silène (B. 20) P. en L. Beau morceau cité par Vasari.

**NICOLETO ROSA** ou **ROSEX**, connu sous le nom de Nicoletto de Modène, florissait vers 1500. (*Bartsch*, vol. 13.)

21 — Les Amours de Jupiter et Léda. P. en H. (46). Au milieu du bas, sur une pierre, le monogramme. Jolie pièce.

22 — Vulcain forgeant des armes ; il est assis à droite et va frapper sur un casque qu'il tient avec des pinces sur une enclume placée devant lui ; un peu plus loin, un génie ailé tenant un bouclier, et un jeune homme un trophée d'armes; en avant, à gauche, deux chevaux qui s'abreuvent ; au milieu, un arbre au haut duquel est une tablette sans marque.

Pièce inédite très rare, attribuée à *Nicoletto* de Modène ; elle vient de la collection de *M. Debois*.

23 — Saint Jérôme, il est à genoux, dirigé vers la gauche devant un crucifix posé sur une roche en avant de deux arbres. Le Saint, couvert d'un manteau, tient une pierre de la main droite appuyée sur sa poitrine. Dans le fond, vers la droite, une église.

Pièce sans marque, non décrite, attribuée à *Nicoletto* de Modène.

**ANDREA** (Zoan), ancien graveur italien, lequel marquait ses ouvrages des lettres Z. A. Ce maître a gravé dans la manière de Mantegne et aussi d'après lui. (*Bartsch*, vol. 13.)

24 — La Danse de quatre femmes (18). P. en L. gravé d'après un dessin de *Mantègne*.

**IO. AN. BX.** expliqué par (Jean-Antoine de Bresse), ancien graveur italien, florissait vers le milieu du XVe siècle; il a gravé dans la manière et aussi d'après Mantegne. (*Bartsch*, vol. 13.)

25 — Jeune femme arrosant une plante (21). Les lettres IO. AN. BX. sont gravées à la droite d'en bas (Notre épreuve étant rognée, la marque ne s'y voit pas.) P.

en H. Cette gracieuse composition a été aussi gravée par *Marc-Antoine* en contre-partie et avec un autre fond.

**MONTAGNA** (Benoît) vivait à Vicence vers 1500. Une de ses estampes porte la date de 1505. (*Bartsch*, vol. 13.)

26 — La Vierge à mi-corps, les mains jointes, regarde l'Enfant-Jésus qui est assis à droite et tient un oiseau dans ses mains. P. en H. (B n. 7).

Pièce rare, elle vient de la collection de *Tiépolo*, peintre vénitien.

27 — Saint George P. en H. (12). Les lettres B. M., marque du maître, sont gravées au milieu du bas de l'estampe. P. en H.

Superbe épreuve d'une belle pièce du maître. De la collection *Buckingham*.

28 — L'Enlèvement d'Europe (23). Au milieu du haut on lit : BENEDETO MONTAGNA. P. en H.

Superbe épreuve.

**CAMPAGNOLA** (Jules), ancien graveur italien, né vers 1481. *Bartsch*, vol. 13, décrit huit pièces et les catalogues des ventes; *Buckingham* et *Ottley* en décrivent aussi plusieurs qu'il n'a pas connues.

29 — Saint Jean-Baptiste (3). Au haut à gauche est écrit : JULIUS CAMPAGNOLA F, et au bas à droite cette adresse : *A presso Nicolo Nelli in Venitia*. P. en H. Ce beau morceau peut être regardé comme le premier essai de la gravure au pointillé. Il est très rare.

Belle épreuve des collections *Revil* et *Debois*.

30 — Ganymède enlevé par l'aigle de Jupiter (5). A la droite du haut on lit : *Julius Campagnola Antcno, revs.* P. en H.

**CAMPAGNOLA** (Dominique); fils de Jules; il naquit à Padoue. *Bartsch*, vol. 13, cite de lui neuf estampes, dont sept portent les dates de 1517.

31 — L'Assomption de la Vierge. (4). Elle est entourée d'une gloire d'anges et les Apôtres rassemblés au bas, où l'on voit, à droite, un écriteau avec le nom de *Dominicus Campagnola* et l'année 1517. P. en H.

Très belle épreuve d'une pièce capitale du maître; elle vient de la collection *Durand*.

32 — Le Berger et le vieux Guerrier (8). Au bas, à droite, on lit Do. Cap., 1517. P. en H.

33 — La Bataille, combat d'hommes nus à cheval et à pied dans un bois (10). Au coin, à gauche, un écriteau où se lit le nom de *Dominicus Campagnola*, et l'année 1517. P. en H.

Très belle épreuve, collection *Delbecq*.

**ROBETTA**. Les circonstances de la vie de cet artiste ne sont pas connues; nous savons seulement, par Vasari, qu'il a été orfèvre de Florence et ami de *Jean-François Rustici*, et qu'il florissait vers 1520. (*Bartsch*, vol. 13.)

34 — L'Adoration des Rois (6), le nom de *Robetta* est gravé vers la droite d'en bas, sous le bonnet d'un des mages. P. en H.

Belle épreuve d'une pièce capitale du maître, du cabinet *Storck*, à Milan, en 1799.

35 — L'Homme attaché à un arbre par l'Amour (25); une tablette avec le nom de *Robetta* est suspendue à la branche d'un des arbres qui s'élèvent le long du bord droit de l'estampe. P. en H.

**MARC-ANTOINE RAIMONDI** et ses élèves **AUGUSTIN VÉNITIEN** et **MARC DE RAVENNE**.

Nous avons adopté le classement de Bartsch, qui réunit les trois graveurs en classant leurs estampes par sujets. L'œuvre de ces trois maîtres se trouve décrite au XIV<sup>e</sup> vol. de son *Peintre-Graveur* (\*).

MARC-ANTOINE RAIMONDI, dessinateur et graveur au burin, né à Bologne vers la fin du XV<sup>e</sup> siècle, mort dans la même ville en 1546. Une tablette avec le chiffre ou monogramme formé des lettres M. A. F. (*Marco-Antonio fecit*) liées ensemble, ou sans ce chiffre, ou avec ce chiffre sans tablette, sont les marques qu'on trouve à plusieurs des ouvrages de Marc-Antoine, dont beaucoup de morceaux sont sans marque.

AUGUSTIN VÉNITIEN, natif de Venise, s'appelait *di Musi* de son nom de famille; c'est ainsi qu'il s'est marqué lui-même sur trois de ses estampes. On ignore la date de sa naissance; on ne sait pas non plus la durée de sa vie; la plus ancienne date que l'on trouve sur ses ouvrages est 1509, la plus récente est 1536. Augustin a marqué ses estampes des lettres A. V., avec ou sans tablette.

MARC DE RAVENNE. Cet habile élève de Marc-Antoine, que l'abbé Zani dit s'appeler *Dente*, a marqué une seule estampe du nom de MARCVS RAVENAS; quelques autres pièces portent la lettre R., qui signifie *Ravignano*; mais son chiffre ordinaire était formé des lettres R. S., expliqué par *Scultori Ravignano* ou *Ravenas sculpsit*. On lui attribue généralement les répétitions des estampes de Marc-Antoine, soit qu'elles aient été copiées sur les estampes de ce maître, ou bien gravées une seconde fois d'après les mêmes dessins.

### 1. SUJETS DE L'ANCIEN TESTAMENT.

36 — **Adam et Eve.** Adam, à la gauche de l'estampe, adossé contre un arbre, tient de la main gauche des pommes qu'Ève vient de lui présenter. Celle-ci est debout, à droite, s'appuyant de la main gauche contre l'arbre de vie et portant l'autre à sa bouche. Dans le lointain, un paysage orné de fabrique. P. en H. Sans marque, gravée d'après Raphaël. (B. n° 1).

Superbe épreuve d'une des plus belles pièces et des plus rares de l'œuvre de *Marc-Antoine*; elle est bien conservée.

---

(\*) Notre collection en possède les morceaux les plus capitaux, au nombre de cent soixante; ils sont tous très beaux d'épreuves avant les noms de *Antoine Salamanque*, *Antoine Lafrery* ou autres éditeurs, ce dont nous prévenons pour ne pas le répéter à chaque article.

37 — Adam et Eve chassés du paradis; ils dirigent leurs pas vers la droite. Ce morceau, sans marque, est gravé par *Marc Antoine* d'après un dessin de Raphaël fait pour les peintures de la Chapelle Sixtine. P. en H. (2).

Belle et rare épreuve.

38 — Dieu, porté en l'air par trois anges, ordonne à Noé de bâtir l'arche. Celui-ci est à genoux tenant entre ses bras un de ses fils. A droite, on voit la femme de Noé sortir de la porte d'une maison, ayant un enfant sur le bras gauche et en conduisant un autre de la main droite. P. en H. Sans marque, gravée d'après Raphaël (3).

Belle épreuve d'une pièce rare.

39 — Copie B en contre-partie par un anonyme.

40 — Les Israélites ramassant la manne. Moïse est debout à gauche, adressant la parole aux Israélites dont deux se prosternent à ses pieds. Au milieu du bas, les lettres *A. V.* P. en L. Gravée d'après Raphaël, par *Augustin Venitien* (8).

Très belle épreuve d'une belle pièce ayant quelques contre-tailles sur la jambe droite de l'enfant qui est à droite, portant un vase dans ses bras. Collection de M. le colonel *Delacombe*.

41 — David coupant la tête de Goliath. On voit, à droite, les Israélites poursuivant les Philistins qui s'enfuient vers le fond, à gauche. P. en L. Gravée d'après Raphaël (10).

Belle et rare épreuve sans la tablette, avec le chiffre de *Marc-Antoine* qui se voit vers la droite du bas dans les épreuves postérieures.

42 — La reine de Saba venant visiter Salomon et lui apporter des présents. Le roi est assis à gauche sur un trône élevé, entouré de ses ministres; la reine et sa suite

nombreuse de femmes et d'hommes, dont quelques-uns portant des vases occupent le côté droit de l'estampe. La partie gauche du haut n'est pas terminée. P. en L. (13). D'après Raphaël.

Belle épreuve de la plus grande estampe de Marc-Antoine. Collection de M. *Debois*.

### II. SUJETS DU NOUVEAU TESTAMENT.

43 — La Nativité. Vers le fond, à gauche, la Vierge adore l'Enfant-Jésus que quatre bergers montrent à un cinquième qui est du côté droit, un mouton sur l'épaule. Au bas, à droite, à une tablette dressée contre une pierre, l'année 1531 et au-dessous les lettres A. V. (Augustin Venitien, qui a gravé cette estampe d'après Jules Romain). P. en L. (17).

Collection de M. *Debois*.

44. Le Massacre des Innocents. Sur un piédestal, dans le fond à gauche, est écrit : RAPH. URBE INVE et le monogramme de *Marc-Antoine* sans la lettre F. Un petit arbre semblable à un sapin, qui s'élève au-dessus du bouquet d'arbre qui est dans le coin du haut, à droite, près du bord de la planche, a fait donner à ce morceau le nom de *chicot* ou *forgère*. P. en L. (18). Cette estampe, dit *Bartsch*, est un véritable chef-d'œuvre de l'art de la gravure et une des plus belles que *Marc-Antoine* ait gravées ; elle est très rare.

Très belle epreuve. Collection *Robert-Dumesnil*.

45 — Copie inconnue à *Bartsch*. Cette copie est citée dans le Catalogue Delbecq comme un état non décrit de la planche originale.

Collection *Delbecq*.

46 — Répétition de la même estampe dans le même sens et supérieurement gravée par *Marc de Ravenne*. Elle diffère de la précédente en ce que le petit arbre dit chicot ne s'y trouve pas, et en ce que l'inscription sur le piédestal est écrit : Rapha. (non pas Raph.) urbi inve, et le chiffre formé des trois lettres M. A. F. au lieu des deux premières. P. en L. (20). *Bartsch* dit, selon *Malvasia*, ce serait *Marc-Antoine* qui aurait gravé cette répétition; en effet, elle est si parfaite qu'elle ferait beaucoup d'honneur à cet artiste. Cependant il n'est pas moins vrai que, comparée avec l'estampe au-chicot, elle doit lui céder le rang.

Très belle épreuve bien conservée d'une pièce aussi très rare.

47 — Jésus-Christ à table chez Simon le Pharisien. La Madeleine prosternée répand du parfum sur le pied droit du Christ. P. en L. (23). Gravée d'après Raphaël par *Marc-Antoine* dont on voit la tablette sans le chiffre vers le bas, à droite.

Très belle épreuve. Collection *Denon*.

48 — Jésus avec ses disciples célébrant la Cène. La tablette sans le chiffre est appuyée à droite, près du siége d'un apôtre, dont le bras droit est étendu sur la table. Ce sujet, où l'on voit sous la table les pieds de presque tous les personnages qui y sont assis, est connu sous le titre de la *pièce des pieds*. P. en L. (26). Ce morceau, gravé d'après Raphaël, est un des plus parfaits et des plus rares de *Marc-Antoine* (\*).

Superbe épreuve et bien conservée.

---

(\*) Une épreuve de cette estampe a été adjugée au prix de 2,900 fr. en plus les cinq pour cent, à la vente de la collection de M. *Debois*.

49 — La Descente de Croix. Quatre disciples descendant le corps de Jésus de la croix, à laquelle il est encore attaché par la main droite. Au pied de la croix, trois saintes femmes donnant des secours à la Vierge évanouie. La tablette sans le chiffre se voit au bas, à droite. P. en H. (32). Beau morceau gravé d'après Raphaël, par *Marc-Antoine*.

Belle et rare épreuve des collections P. *Mariette*, *Durand*, de *Scitivaux* et *M. Debois*.

50 — Les trois Maries allant visiter le tombeau de Jésus-Christ. P. en H. (33), sans marque, gravée d'après un dessin de Michel-Ange.

Superbe épreuve de la plus parfaite conservation avec barbe de la planche.

51 — La Vierge pleurant le corps mort de Jésus qui est étendu sur un petit mur près d'un rocher qui s'élève à gauche. Il est à remarquer que le bras droit de la Vierge est nu, ce qui a fait donner à cette estampe le nom de la *Vierge au bras nu*. P. en H. (34), sans marque. Cette pièce rare, dit *Bartsch*, est une des plus belles productions de *Marc-Antoine*; elle est d'après Raphaël.

52 — Les Maries pleurant le corps mort de Jésus-Christ. P. en H., gravée par Marc-Antoine, dont on voit la tablette à terre au milieu du bas (37).

Superbe épreuve d'une belle pièce. Collection *Durand* et *M. Debois*.
— Copie en contre-partie.
Collection *Delbecq*.

### III. SUJETS DE VIERGES.

53 — Marthe conduite à Notre Seigneur Jésus-Christ qui est assis à droite, entre deux colonnes à l'entrée du

temple, auquel on monte par un grand escalier, au pied duquel est un grand nombre de peuple. Au bas à gauche, le chiffre de *Marc-Antoine*. P. en L., gravée d'après Raphaël, morceau appelé la *Vierge à l'escalier* (45).

Très belle épreuve parfaitement conservée. Collection *P. Mariette, Langlès, Scitivaux* et *M. Debois*.

54 — La Vierge assise sur des nues ayant auprès d'elle l'Enfant-Jésus, à qui elle aide à se soutenir, et qui a le pied droit élevé. Sur les nuages, trois anges à mi-corps. P. en H., gravée d'après Raphaël, par *Marc-Antoine*. Elle est sans marque (47).

Très belle épreuve d'une très jolie pièce. Collections *Denon* et *M. Debois*.

55 — Copie en contre-partie, on lit au bas la lettre R à rebours. *Non décrite*. Collection *Delbecq*.

56 — La Vierge lisant, accompagnée de l'Enfant-Jésus. Elle est assise à droite et vue de profil. P. en H., sans marque, d'après Raphaël (48).

Belle épreuve. Collections *Zanetti* et *Denon*.

57 — Copie B en contre-partie.
Collection *Delbecq*.

58 — La Vierge, assise sur des nues, soutient de ses deux mains l'Enfant-Jésus, assis en partie sur la jambe droite de sa mère, dont il relève le voile des deux mains. P. en H., gravée d'après Raphaël, par *Marc-Antoine*, dont la tablette sans le chiffre se voit à droite du bas (52).

Superbe épreuve parfaite de conservation. Collections *Zanetti, Denon* et *M. Debois*.

— 15 —

59 — La Vierge au Poisson; tel est le nom que l'on donne à l'estampe où est représentée la Vierge assise sur un trône et soutenant de ses deux mains l'Enfant-Jésus qui se penche vers le jeune Tobie, qui tient un poisson de la main droite. P. en H. (54), sans marque, gravée d'après Raphaël. *Vasari*, qui parle de cette estampe, dit qu'elle a été gravée d'après un tableau peint pour l'église de Saint-Dominique à Naples. Ce morceau est attribué à *Marc-Antoine*.

Belle épreuve. Collections *Zanetti*, *Denon* et *M. Debois*.

60 — La Vierge à la longue cuisse; tel est le nom donné à une estampe représentant la Vierge assise à côté d'un berceau sur lequel est assis le petit Jésus qui tend sa main droite vers une banderole que lui présente saint Jean à genoux; vis-à-vis, à gauche, saint Joseph assis sur le bât de son âne, dont on aperçoit une partie de la tête. Au coin du bas du même côté, la tablette sans le chiffre. P. en H. (57), d'après Raphaël.

Belle épreuve bien conservée, mais doublée.

61 — La Vierge assise à terre, auprès de sainte Élisabeth et ayant sur ses genoux l'Enfant-Jésus qui bénit saint Jean agenouillé devant lui. A gauche de l'estampe, du même côté, au second plan, un palmier, qui a fait donner à cette estampe le nom de la *Vierge au Palmier*. P. en H., gravée d'après Raphaël (62).

Jolie pièce de Marc-Antoine. Notre épreuve, belle et d'une grande finesse de ton, vient des collections *P. Mariette*, *Zanetti* et *Denon* (*).

(*) Une épreuve d'une vigueur de ton extraordinaire a été vendue dernièrement à la vente Jecker, en novembre 1851, au prix de 1200 fr.

62 — La Vierge assise au milieu d'une chambre, tenant l'Enfant-Jésus de ses deux mains, pour le remettre à Sainte-Anne, qui se penche vers le berceau et qui tend le bras gauche vers l'enfant. Au bas, à droite, la tablette sans le chiffre de *Marc-Antoine*. P. en H. (63), gravée d'après Raphaël. Morceau connu sous le nom de la *Vierge au berceau*.

Très belle épreuve.

### IV. SUJETS DE SAINTS ET SAINTES.

63 — Saint Georges combattant le dragon ; il est monté sur un cheval sans bride et qui se dirige vers la droite où s'enfuit la reine délivrée. Au milieu du bas est écrit MAR. ANT., P. en H. (98). Cette estampe est des premières manières de *Marc-Antoine*; elle est très rare.

64 — Le Martyre de Saint-Laurent ; sujet composé de cinquante et une figures d'après un dessin de BACCIO BANDINELLI, dont le tableau devait être exécuté pour l'église de Saint-Laurent de Florence. A gauche, sur la terrasse et sur le devant, près d'une pierre où est l'inscription : BRACCIUS BRANDIN INVEN., le chiffre du graveur. P. en L. (104). Cette estampe, une des plus grandes et des plus importantes de *Marc-Antoine*, est faite dans sa plus grande force. Accoutumé aux grâces de Raphaël, cet excellent graveur a porté dans cet ouvrage la manière du grand peintre et adouci celle un peu sévère du peintre et sculpteur florentin.

L'épreuve que nous décrivons, belle et bien conservée, est celle du premier état, dite aux *deux fourches*. Elle est d'une rareté extrême et manque à presque tous les cabinets de l'Europe même les plus riches (*). Elle vient de la collection de M. Revil et a été acquise à celle de M. Debois au prix de 2,630 fr.

65 — La même estampe, la Fourche effacée, le bourreau qui en tient deux dans l'épreuve précédente, n'en a plus qu'une dans cette épreuve.

Belle épreuve du deuxième état où l'on voit encore quelque peu les traces de la fourche effacée sur le cuivre.

66 — Copie en contre-partie par *Michel Luchèse*. Épreuve avec l'adresse de Lafrery et celle de Petri de nobilibus formis.

Collection *Delbecq*.

67 — Jésus-Christ rayonnant dans sa gloire, assis sur des nuages entre la Sainte-Vierge et saint Jean-Baptiste; saint Paul debout, tenant une épée et sainte Catherine à genoux, une palme à la main, sont au bas de la composition. Au bas du coin à droite, la tablette sans le chiffre. Morceau gravé d'après un dessin de Raphaël fait pour le tableau qui se voyait dans l'église Saint-Pierre et Saint-Paul à Parme. P. en H., nommée les *Cinq Saints* et que Vasari appelle une grande et belle estampe (113).

Belle épreuve bien conservée d'un ton très vigoureux. Collection *P. Mariette*.

68 Sainte Catherine debout dans une niche, une palme à la main droite. P. en H. (115) gravée d'après Francia, le chiffre de *Marc-Antoine* au bas à droite.

Belle épreuve. Collections *Zanetti, Denon* et *M. Debois*.

---

(*) Le cabinet des estampes de la Bibliothèque nationale à Paris ne la possède pas.

69 — Sainte Cécile, accompagnée de saint Paul, de saint Jean, de sainte Magdeleine et de saint Augustin. Les deux premiers sont à gauche et les autres à droite. Au pied de Sainte Cécile, divers instruments de musique, dont à droite une harpe sur laquelle est écrit le chiffre de *Marc-Antoine* et les mots Raph. ive. P. en H. gravée d'après un dessin de Raphaël, qui diffère du tableau qui était dans l'église de Saint-Jean de Bologne et actuellement dans cette ville (116).

Très belle épreuve. L'ombre portée au-dessous du menton de la sainte très prononcée, ce qui a fait donner à cette estampe le nom de *sainte Cécile* au collier. Collections *Richardson* et *W. Esdaille*.

70 — Copie en contre-partie.

71 — Sainte Cécile, par Elisabeth Chéron Le Hay, gravée d'après le dessin qui a sans doute servi à la gravure de *Marc Antoine*. Ce dessin était dans le cabinet de M. de Piles (*).

72 — Le martyre de Sainte-Félicité. Au milieu de l'estampe, la sainte est dans une chaudière, priant les mains jointes et les yeux élevés vers le ciel, d'où descend un ange qui lui apporte la couronne du martyre. A gauche, Publius, préfet de Rome, lui montre ses sept fils décapités; sur le piédestal de la statue de Jupiter, placée à droite dans une niche ménagée à la face d'un édifice, on lit : Ra Vr. in. et le chiffre de *Marc-Antoine*, P. en L. (117).

Très belle et rare épreuve de la première planche où ne se voit pas l'oreille de la sainte, où se voit un trait de burin perpendiculaire prenant naissance au-dessous de l'ange qui est en l'air. *Bartsch* ne parle pas de cette remarque. Collections *Scitivaux* et *M. Debois*.

---

(*) Cette estampe est décrite au *Peintre-Graveur Français*, tom. III, p. 242.

73 — La Sibylle de Cumes. Elle est vue de profil dirigeant ses pas à droite, suivie d'un chien. Au coin à droite, les lettres A et V., 1516. P. en H. (123).

Collection *Delbecq*.

## V. LES PETITS SAINTS DE MARC-ANTOINE.

74 — Jésus-Christ et les Apôtres. Ils sont représentés debout, dans un fond blanc où l'on remarque cependant deux piliers dont l'un s'élève au bord gauche, et l'autre au bord droit de l'estampe. Suite de treize estampes. P. en H. (124 à 136).

Suite très rares à trouver complète, il nous manque les n. 126, 130, 132, 133, et le 136 est la copie B. Huit estampes.

74 *bis* — Les Petits Saints. Saint Job (153), saint Laurent (156), saint Lazare (159), saint Sébastien (166), sainte Hélène (178), sainte Lucie (179). Six estampes en hauteur gravées, d'après Raphaël, par *Marc-Antoine*.

75 — Saint Paul prêchant à Athènes. Cet apôtre est debout vers la gauche de l'estampe sur une estrade élevée de trois degrés ; il prêche, les deux mains élevées au peuple assemblé autour de lui ; vers le fond à droite, un temple en avant duquel est la statue de Mars. La tablette sans le chiffre, au bas à gauche. P. en L. (44) gravé par Marc-Antoine, d'après un carton peint par Raphaël et exécuté en tapisserie.

Epreuve très vigoureuse de ton et avec marge au-delà de la marque du cuivre où se voit des essais de burin non ébarbé (*).

---

(*) Une épreuve de cette belle estampe a été adjugée à la vente de M. Dubois au prix de 2,500 fr., plus les 5 p. 100.

## VI. SUJETS DE L'HISTOIRE PROFANE.

76 — Didon. Elle est debout, tenant de la main droite un poignard dont elle va se percer le sein. Sur une tablette appuyée contre l'arbre, une inscription en caractère grec; c'est-à-dire la *mort célèbre vit.* P. en H. (187), sans marque. Cette pièce qui est très rare a été gravée d'après Raphaël, par *Marc-Antoine,* elle est très rare.
Belle épreuve.

77. — Copie A et Copie B. Deux estampes.

78 — Les cavaliers romains. Titus et Vespasien, Scipion l'Africain, Horace Coclès, et Marcus Curtius, quatre pièces en hauteur (188 à 191).
Trois de ces estampes sont avec les adresses de Salamanque effacées, le n° 188 avec cette adresse.

79 — Lucrèce prête à se percer le sein. Elle est debout, tenant un poignard de la main droite, et de l'autre faisant un geste ; son pied droit placé sur le soubassement d'une balustrade, sur laquelle on lit une inscription en caractère grec, ( *il vaut mieux mourir que vivre dans le déshonneur.*) Cette belle estampe, dit *Bartsch,* a été gravée par *Marc-Antoine,* à son arrivée à Rome, d'après un dessin de Raphaël. P. en H. (192).

80 — Iphigénie, devenue prêtresse de Diane, dans la Tauride, reconnaît Oreste son frère et Pylade qu'on lui amène pour être sacrifiés. Sur le devant, à gauche, une tablette sans marque. P. en H. gravée par *Augustin Vénitien,* d'après un inconnu que quelques-uns croient être *Baccio Bandinelli* (194).
Belle épreuve. Collection *Delbecq.*

81 — Un empereur romain à cheval se dirigeant vers un jeune guerrier, qui est suivi d'un esclave conduisant une lionne; autour d'eux plusieurs soldats. Au bas à droite une tablette en blanc, et à gauche sur une pierre les lettres A. V. Cette belle estampe est une de celle où *Augustin Venitien* a le plus approché de son maître, elle est rare (196).
Très belle épreuve d'une pièce capitale. Collection de *M. Debois*.

82 — Cléopâtre. Elle est à demi-nue, couchée sur un lit où elle paraît expirer de la piqûre d'un aspic qui est entortillé autour de ses bras, qu'elle tient au-dessus de sa tête. Au milieu du bas de l'estampe, la tablette sans marque, P. en L. gravée par *Marc-Antoine* d'après un dessin de Raphaël (199).

83 — Alexandre-le-Grand faisant déposer les livres d'Homère dans la cassette de Darius, en présence de savants et de plusieurs de ses capitaines. Composition de seize figures. Au bas vers la gauche du bas la tablette sans le chiffre. P. en L. (207), cette estampe dit *Bartsch*, est l'une des plus parfaites que *Marc-Antoine* ait gravées d'après Raphaël.
Très belle épreuve de la collection *Zanetti* et *Denon*, elle est doublée.

84 — La Bataille au coutelas, tel est le nom que l'on donne communément à une estampe, où l'on a représenté les Romains combattant contre les Carthaginois sous la conduite de Scipion. Ce sujet a été exécuté en tapisseries d'après un dessin de Raphaël selon quelques-uns, mais plus vraisemblablement sur celui de Jules Romain. P. en L. sans marque (211).
Très belle épreuve.

85. — Le triomphe d'un empereur romain, gravée d'après un dessin de Mantègne, connue en Italie sous le nom de *Tito*. P. en L. (213), morceau rare.

Belle épreuve bien conservée. Collection *Denon*.

### VII. SUJETS DE MYTHOLOGIE.

86 — Danse d'Amours. Deux Amours, reconnaissables aux ailes qu'ils portent au dos sont sur le devant, ils sont accompagnés de sept autres enfants avec lesquels ils dansent en rond. P. en L. d'après Raphaël, gravée par un anonyme très habile de l'école de *Marc-Antoine*, elle est désignée par Bartsch comme copie B. (217).

Très belle et rare épreuve. Collections *Zanetti*, *Denon* et de *M. Debois*.

86 bis — Le même sujet copie C.

Deux estampes.

87 — Psyché servie dans le bain par des nymphes qu'elle ne voit pas. P. en L. sans marque (237).

Très belle épreuve parfaitement conservée.

88 — Apollon assis sur le Parnasse au milieu des Muses et des plus célèbres poètes. Ce morceau, gravé sur un dessin de Raphaël, est la même composition que ce maître a exécutée en peinture dans l'une des salles du Vatican, à quelques changements près. On lit, dans un espace ménagé en blanc au milieu du bas de l'estampe : RAPHAEL PINXIT IN VATICANO. P. en L. (247).

Belle épreuve d'une pièce importante du maître.

89 — La Bacchanale. Offrande à Priape; au milieu, Silène appuyé sur les épaules de deux Bacchants, ses

pas sont dirigés vers la gauche. On remarque aussi un Satyre derrière une Satyresse, qui est à genoux et penchée vers le terme de Sylvain. A gauche la marque de *Marc-Antoine*. P. en L. d'après un bas relief antique qui est à Rome près de l'église Saint-Marc (248). Morceau très rare.

Collection de *M. Robert-Dumesnil*.

89 *bis* — Répétition de l'estampe ci-dessus, mais en contre partie. Plus rare encore que la précédente.

90 — Danse de trois Faunes et Bacchantes, qui se suivent de file se dirigeant vers la droite, le Faune, au milieu des deux Bacchantes, joue de deux flageolets; à gauche, au-dessous d'un pan de mur, la tablette de *Marc-Antoine* sans marque. P. en L. gravée d'après *Raphaël* (250). Bartsch décrit cette estampe comme fragment copié sur une estampe d'*Augustin Vénitien*, où sont représentés six Faunes et Bacchantes ; notre estampe qui serait la moitié de droite, nous semble plutôt être de *Marc-Antoine* et celle d'Augustin la copie. Bartsch semble être aussi de cette opinion, d'après la note suivante qu'il place après la description de l'estampe : « Nous n'avons vu de cette copie que le côté gauche, la taille en ressemble beaucoup à celle de Marc-Antoine, et il est possible que cette pièce, que nous qualifions de copie, soit l'original, d'après lequel Augustin Vénitien a gravé son estampe. »

Très belle épreuve, Collections *Zanetti, Denon* et *M. Debois*.

91 — Une Muse, elle est vue de profil et tournée vers

la droite, elle tient des deux mains une guirlande de fruits. P. en H. (272).

Collection *Denon* et *M. Debois*.

92 — Jeune femme dirigeant ses pas à droite, elle tient de la main gauche une lampe ornée d'une tête d'oiseau. P. en H. (274).

Collection *Denon* et *M. Debois*.

93 — Jeune femme vue de profil et tournée vers la droite, elle porte de la main gauche une ruche de miel. P. en H. (276).

94 — Autre jeune femme, vue de profil et tournée vers la droite, elle tient une lyre de ses deux mains. Cette estampe n'est pas entièrement terminée. P. en H. (277).

95 — Satyre défendant une nymphe couchée à terre et appuyée sur ses genoux ; il pare avec un bâton les coups que lui porte un jeune homme que l'on voit à droite. Au milieu du bas, la marque de *Marc-Antoine*, qui a gravé cette estampe avec beaucoup de soin, d'après un dessin de que l'on croit être de Francia. P. en H. (279).

Très belle épreuve d'une pièce rare. Collections *Zanetti*, *Denon* et *M. Debois*.

96 — Vénus et l'Amour. La déesse est assise à droite sur une butte, le bras droit appuyé sur l'Amour qui, debout devant elle, la considère, tenant son arc de la main droite et de l'autre une flèche. A la gauche du haut, l'année 1516 et les lettres A. V. (286). P. en H.

Belle épreuve rognée du côté droit. Collection *Delbecq*.

97 — Hercule étouffant le géant Anthée. A gauche s'élève un arbre sans feuilles, sur lequel est suspendue une tablette où se lit : Divo Herculi. P. en H. (289.)
Collection de M. Debois.

98 — Le jeune et vieux Bacchant. Sur le devant, à droite, est une cuve contre laquelle est appuyée une écuelle; à gauche, un piedestal, sur lequel deux masques sont placés. P. en H. (294). Ce beau morceau est gravé d'après Raphaël.

99 — Vénus sortie du bain, elle s'essuie le pied gauche avec un drap ; l'Amour devant elle tenant son arc de la main gauche et portant l'autre sur sa tête, semble s'éloigner pour aller blesser quelqu'un de ses traits. P. en H. sans marque, gravée par *Marc-Antoine* d'après un gracieux dessin de Raphaël. Morceau très rare (297).

100 — Copie E.

101 — La vendange. Un homme nu versant des raisins d'un panier dans une cuve qui est placée à droite et au-delà de laquelle est Bacchus assis sur une tonne, tenant une écuelle de la main gauche. Morceau dit la *Petite Vendange*, il est d'après un dessin de *Raphaël*. P. en H. (306).
Collection de M. Debois.

102 — Le Faune montrant, de la main droite élevée, une grappe de raisin à un tigre que l'on voit à droite au pied d'un arbre tronqué. P. en H. (307), elle est sans marque, on l'attribue à *Marc-Antoine*.
Belle épreuve. Collection Delbecq.

103 Vénus, l'Amour et Pallas. Etudes tirées du Jugement de Pâris, n° 245 de l'œuvre de *Marc-Antoine*- P. en H. sans marque (310).

104 — Vénus se baissant pour embrasser l'Amour qui est debout à gauche sur un socle, dans une niche. P. en H. (311).

105 — Vénus, sortie de la mer, tordant l'eau de ses cheveux, derrière elle, vers la gauche, s'élèvent deux arbres, à la branche de l'un desquels est suspendue une pomme percée d'une flèche. Au milieu du bas, une tablette avec le chiffre et la date de 1506. S. 11 (c'està-dire *Septembris*), morceau gravé par *Marc-Antoine*, dans sa première manière d'après le dessin d'un anonyme. P. en H. (312).

Très belle épreuve. Collection de *M. Debois*.

106 — Vénus accroupie. Au bas à gauche le chiffre est gravé sur une petite pierre. P. en H. (313). Cette estampe est gravée par *Marc-Antoine* dans ses premières manières.

107 — Hercule étouffant Anthée en présence de la Terre affligée de la défaite de son fils. Au milieu du bas de l'estampe, une tablette avec les lettres A. V. et l'année 1533 marquée sur une pierre. P. en H. (316).

Épreuve avant la retouche. Collection de *M. Debois*.

108 — Vénus, couchée sur une butte, s'appuie du bras droit et fait de la main gauche des caresses à l'Amour, qui s'approche d'elle tenant un flambeau de ses deux

mains. P. en H. (318) sans marque gravée par *Augustin Vénitien*, d'après *J. Romain*.

Très belle épreuve parfaite de conservation. Collection de M. Debois.

109 — Le Satyre surprenant une Nymphe couchée à l'entrée d'une grotte qui occupe le côté droit de l'estampe. Au bas, à gauche, une pierre sur laquelle est marqué le chiffre, et plus bas, en petits caractères, 1506 *mas* 11. P. en H. (319), gravée d'après un inconnu, dans la première manière de *Marc-Antoine*.

Très belle épreuve d'une pièce rare.

110 — L'Amour faisant des efforts pour porter une caisse, dans laquelle se tient debout un enfant, que deux autres aident à se soutenir. Sur la caisse, on lit : 1506, 18. S., gravé d'après le dessin d'un anonyme, par *Marc-Antoine*, dans sa première manière. P. en L. (320).

Collection de M. Debois.

— Une autre épreuve de la même estampe.

Collection *Denon*.

111 — Pan surprenant la nymphe Syrinx au sortir du bain ; elle tient sa chevelure de la main droite et se peigne de la gauche. A droite de l'estampe, un Satyre dans une posture libre. P. en H. sans marque ; elle est gravée d'après Raphaël, par *Marc-Antoine* (325).

Très belle épreuve avant toute retouche. Collection de M. Debois.

112 — Vulcain, Vénus et l'Amour. Vénus, assise à gauche, tenant une flèche que l'Amour semble lui demander. Vulcain à droite, près de sa forge,

bat un fer sur l'enclume placée au milieu de l'estampe, au bas à gauche la tablette avec le chiffre. P. en H. (326).

113 — La statue d'Apollon. On lit au bas : Sic Romae ex marmore scvlto, avec la lettre S du mot *sic* à rebours. P. en H. (331). Morceau très rare.

114 — Une statue d'Apollon à demi vêtu, ayant le bras gauche élevé sur sa tête et s'appuyant de l'autre sur sa lyre; à gauche, au piédestal, le chiffre de *Marc-Antoine* qui a gravé cette pièce dans sa première manière. P. en H. (333).

115 — Apollon. Il est debout tenant sa lyre de la main gauche et s'appuyant de l'autre sur un tronc d'arbre autour duquel se glisse le serpent Python. P. en L. (334), dessinée par Raphaël, et la gravure attribuée à *Marc-Antoine*; elle est sans marque.

116 — Hercule étouffant Anthée en le tenant en l'air et le serrant autour des reins de ses deux bras. Au bas à droite une tablette sans chiffre. Cette estampe gravée d'après un dessin de Raphaël, est un des meilleurs ouvrages de *Marc-Antoine*. P. en H. (336).
Très belle épreuve.

117 — Répétition du même sujet ou plutôt une copie de la pièce précédente faite trait pour trait, par *Augustin Venitien*, dont les lettres se trouvent sur la tablette ; dans le coin à gauche, on lit aussi *Ant. Sal. exc.*

118 — Pallas debout sur un globe dont on ne voit que la moitié, tenant de la main droite sa pique et de

l'autre son égide appuyée contre sa jambe. P. en H. (337) sans marque, gravée par *Marc-Antoine* d'après un dessin de Raphaël.

Superbe épreuve. Collection de *M. de Magnoncourt.*

119 — Les trois Grâces. Elles sont debout se tenant embrassées. Au-delà de ces trois figures s'élèvent trois palmiers, et il y a de chaque côté une urne où coule de l'eau. Estampe gravée par *Marc-Antoine*, d'après un bas-relief antique, ce qu'indique l'inscription : Sic Rome Carites niveo ex marmore sculp., qui se voit dans la marge du bas. P. en H. (340).

Belle épreuve bien conservée. Collections *Zanetti* et *Denon*.

120 — Jupiter embrassant l'Amour qui vient lui demander grace pour Psyché. P. en H. (342).

121 — Mercure descendant du ciel pour chercher Psyché. P. en H. (343).

122 — Cupidon et les trois Grâces. P. en H. (344).

Ce morceau et les deux qui précèdent sont gravés d'après des dessins exécutés, en peinture par Raphaël, au palais Ghigi. Au premier et troisième morceau sur l'entablement, près la naissance de l'ogive, la tablette sans le chiffre de *Marc-Antoine*; le deuxième sans marque Superbes épreuves égales de tons de ces trois estampes ; elles sont rares. Collections *Durand* et de *Scitivaux*.

123 — Le Jugement de Pâris. Le fils de Priam donne à Vénus le prix de la beauté, en présence de Jupiter, d'Apollon, de Mercure et autres divinités. Au devant de la terrasse, vers la droite, le chiffre du graveur, un peu au-dessus, en deux lignes, Raph. Vrbi. inven. Dans le coin à gauche, on lit en trois lignes : Sordent... etc. P. en L. (245). Cette belle estampe, la plus par-

faite de *Marc-Antoine*, est gravée d'après une excellente composition de Raphaël. *Vasari* en fait le plus grand éloge (*).

Belle et rare épreuve très vigoureuse de ton et bien conservée. Collections *Zanetti* et *Denon*.

124 — Mars et Vénus et l'Amour. P. en H. (345), gravée d'après Manteigne, au milieu du bas le chiffre et en petits caractères, 1508 16 D (c'est-à-dire 16 décembris).

125 — Galathée debout dans une conque attelée de deux dauphins qui nagent vers la droite; elle est accompagnée de six Tritons et six Néréides ainsi que d'un Amour qui nage au milieu du devant; dans le haut quatre Amours dont trois décochent des flèches sur les Tritons et Néréides. P. en H. gravée d'après Raphaël. La tablette sans le chiffre de Marc-Antoine est à la droite du bas. *Bartsch* (350) dit que cette estampe est une des belles et des plus rares de l'œuvre.

Magnifique épreuve, parfaite de conservation. Collection *Debois*.

126 — *Le Quos ego*, ou Neptune apaisant la tempête qu'Eole, à la prière de Junon, avait excitée pour faire périr la flotte d'Enée ; autour de ce sujet principal il y en a neuf autres qui représentent les aventures d'Enée décrites dans le I<sup>er</sup> livre de Virgile. P. en H. (352).

Belle épreuve du deuxième état; avec l'adresse de Ant. Salamanque, la planche est retouchée. Cette adresse a été grattée sur l'estampe.

---

(*) Une épreuve de cette estampe a été vendue au prix de 5,517 fr. à la vente de M. Debois.
Cette épreuve est aujourd'hui au cabinet des Estampes.

## VIII. SUJETS ALLÉGORIQUES.

127 — Amédée s'entretenant avec une vieille femme qui représente l'Austérité, et qui montre de sa main gauche l'Amitié et l'Amour. Sous chacune de ces figures est écrit ce qu'elle représente, savoir : AMADEUS, AUSTERITAS, AMICITIA, AMOR. P. en L. (355), le chiffre de Marc-Antoine est au bas à gauche. Ce morceau gravé par *Marc-Antoine* d'après Francia, est entouré d'une bordure de branches de noisetier.

Belle et rare épreuve, les noms écrits à la main. Collections *Denon* et *M. Debois.*

128 — La Prudence sous la figure d'une femme avec la tête de Janus ; l'Amour debout à gauche lui présente un petit miroir rond. Au bas à gauche sur une colonne est la marque A. V. et l'année 1516. P. en H. (357). *Augustin Vénitien* a gravé cette pièce d'après un dessin dont l'auteur n'est pas connu.

129 — La Tempérance représentée par une femme assise au pied d'une niche ornée de chaque côté d'une colonne ; à droite un Génie ailé qui la montre du doigt. Vers le bas à gauche, l'année 1517 et les lettres A. V. P. en L. (358).

130 — Trajan, entre la ville de Rome et la Victoire. Le chiffre à droite sur une pierre carrée, au-dessus du bouclier d'un Dace qu'un Romain tue avec un poignard. P. en L. (361). Cette estampe est, dit *Bartsch*, une des plus belles et des plus estimées de *Marc-Antoine.*

Superbe épreuve bien conservée. Collection *Durand.*

131 — Copie dans le même sens que l'original.

132 — Une femme à genoux met un anneau au doigt d'un homme debout à sa gauche, lequel courbe un bâton que courbe aussi, avec efforts, de ses deux mains, un homme placé du côté opposé. La marque du maître est au bas à droite. P. en H. (369), morceau rare.

133. — La Prudence, représentée sous la forme d'une jeune femme à demi nue; elle est assise sur un lion et s'appuie de la main gauche sur un dragon; elle se regarde dans un miroir qu'elle tient de la main droite élevée; le chiffre de *Marc-Antoine*, à la gauche du bas. P. en H. (371).

Très belle épreuve d'une jolie pièce.

134 — L'homme frappé avec la queue de renard. (B. 372). Copie en contre partie avec la tablette de Marc-Antoine. Inconnue à Bartsch.

135 — La femme aux deux éponges. P. en H. (373), copie en contre partie non décrite, elle porte au coin à gauche le monogramme P. S. enlacés.

Collection *Delbecq*.

136 — Copie C. en contre-partie, deux épreuves.

137 — Un homme montre une hache à une femme qui est debout à droite, vue par le dos. Au milieu du bas le chiffre. P. en H. (380). Cette estampe est une des premières manières de Marc-Antoine. *Heinecke* explique ce sujet par Adam montrant à Eve le besoin du travail après avoir été chassés du Paradis.

138 — La Philosophie, représentée par une femme majestueuse, assise dans le ciel, ayant sous ses pieds le globe de la terre. Vers la droite de l'estampe sont

deux Génies qui portent une table sur laquelle on lit : CHAVXAR COGNITIO. P. en H. (381), sans marque. Cette estampe, belle et rare, a été gravée par *Marc-Antoine*, d'après un rond peint au Vatican par Raphaël.

139 — La Poésie, représentée par une femme ailée au milieu de deux Génies, dont celui à droite tient une tablette sur laquelle est écrit : A NUMINE AFLATUR. Morceau sans marque gravé d'après un des ronds peints au Vatican. P. en H. (382).

Très belle épreuve d'une charmante pièce de *Marc-Antoine*.

140 — Copie, non décrite par Bartsch, de l'estampe ci-dessus du même sens que l'original, elle porte la date de 1542.

141 — Jeune homme tenant une lanterne; il marche à pas précipités vers la gauche; il retourne la tête vers un bélier qui le suit. P. en H., sans marque, gravée par *Marc-Antoine*, d'après un dessin que l'on croit être de Raphaël (384).

Très belle épreuve.

142 — Une seconde épreuve de la même estampe.

143 — Les Vertus : la Charité, la Justice, la Foi, l'Espérance et la Prudence; elles sont représentées par des femmes debout dans des niches. Elles ont été gravées par *Marc-Antoine*, qui a mis sa marque à chacune. Suite de sept pièces en hauteur (386 à 392).

144 — La Charité, double du n° 386.

145 — La Paix (394), représentée par une femme qui serre la main à un petit génie ailé qui lui offre une

3

branche de laurier. P. en H. (394). *Bartsch* dit de cette répétition : « Elle est gravée d'un burin délicat et serrée, tel qu'on le trouve dans plusieurs pièces de *Marc-Antoine*. »

146 — Le Serpent à tête de femme parlant à un jeune homme assis au pied d'un arbre, la tête posée sur sa main droite, et qui l'écoute avec attention ; une jeune fille debout au milieu de l'estampe les regarde, et à gauche un jeune homme s'enfuit en exprimant l'effroi. P. en H., gravée dans la première manière de *Marc-Antoine*, dont le chiffre se voit au bas à droite (396).
Superbe épreuve. Collections de MM. *Robert-Dumesnil* et *Debois*.

147 — Les deux Femmes au Zodiaque ; l'une debout à droite tient un livre fermé en regardant vers le ciel, tandis que l'autre écrit dans un livre appuyé sur son genou. P. en H., gravée d'après Raphaël, par *Marc-Antoine*, dont on voit le chiffre au bas à gauche (397).
Belle épreuve.

148 — Le Joueur de violon, entouré de trois femmes nues, dont une à gauche de l'estampe tient un papier de musique de la main droite et de l'autre une flûte. Le fond offre à droite une montagne ornée de quelques arbres. Le chiffre est au milieu du bas. P. en H. (398) Cette estampe est exécutée par *Marc-Antoine* dans ses premières manières, d'après un maître inconnu.

### IX. SUJETS DE FANTAISIE.

149 — Trois docteurs, vêtus de larges habits et couverts d'une calotte, sont assis à terre, s'entretenant

dans une campagne, près d'un bouquet d'arbres qui s'élève à la droite de l'estampe, et dans le feuillage duquel on remarque un écureuil. P. en L. (404), sans marque. Cette estampe rare, dit *Bartsch*, a été gravée par *Marc-Antoine*, d'après un dessin dont vraisemblablement lui-même est l'auteur.

Très belle épreuve d'une jolie pièce. Collections *Zanetti* et *Denon*.

150 — La Peste. Ce morceau, connu en Italie sous le nom du Morbetto, représente à gauche la cour d'une maison où un homme tenant une torche allumée examine un troupeau de mouton mort de la peste; du même côté un escalier conduit à une chambre où un homme malade dans un lit est soigné par deux femmes qui sont éclairées par un rayon de lumière sur lequel on lit : EFFIGIES SACRAE DIVOM PHRIGI. Sur le devant à droite sept figures sur le piédestal d'un terme; au milieu de la composition on lit : LINQVEBANT... CORP ; à droite sur une pierre est gravée IN. RAP. VR. et le chiffre de *Marc-Antoine*, qui a gravé cette estampe très rare. P. en L. (417).

151 — La Chasse au lion. Des gens armés combattant contre un lion qui se voit à la droite de l'estampe, et qui est prêt à se jeter sur une femme renversée à terre. P. en L. (422). Dans la marge du bas on lit : QVÆ STABANT...., et l'adresse de *Salamanque, exc*.

152 — La Carcasse. Cette pièce, connue en Italie sous le nom de la *Stregozzo*, représente quatre hommes nus conduisant dans un marais une sorcière assise sur un squelette colossal de quelque animal monstrueux,

— 36 —

comme dans un char de triomphe. La marche se dirige à gauche. Vers le milieu du bas la tablette. P. en L. (426) Morceau d'après Raphaël.

Épreuve avant les lettres A V sur le cornet que tient le jeune garçon monté sur un bouc. Collection du baron *Gros*.

153 — Un Empereur assis, le second (B. 442). Copie sans marque.

154 — La Femme en méditation. Elle est assise tournée vers la gauche. P. en H. (445) Copie A.

155 — Le Paysan et la Femme aux œufs, cette dernière est assise à droite au bas d'un escalier de quatre marches, elle tient des œufs dans son giron. P. en H. (453) Cette estampe rare, dit *Bartsch*, est une des meilleures gravées par *Augustin Vénitien* d'après Raphaël. Elle est sans marque.

Très belle épreuve.

156 — La Femme pensive, elle est assise à droite auprès d'une fenêtre, sur laquelle elle s'appuie du bras droit. En l'air un ange portant une croix et se dirigeant vers la droite. P. en H., sans marque, elle est attribuée à *Marc-Antoine*, et la composition au Parmesan (460).

157 — Copie B en contre-partie par un anonyme.

158 — La Femme pensive. Cette estampe, par un anonyme de l'école de *Marc-Antoine*, paraît être inspirée de l'estampe précédente, dont elle diffère dans la pose de la femme; elle n'est pas décrite.

Très belle épreuve. Collection *Delbecq*.

159 — Le Soldat rattachant son haut de chausse à sa cuirasse. Sur un pilier à gauche l'année 1517, et les lettres A. V. (Aug. Venitien). P. en H. (463) Copie B. en contre partie.

160 — Les deux hommes nus debout à côté l'un de l'autre et tournés vers la droite ; vers le fond de la droite s'élève un arbre tronqué. P. en H., sans marque (464).
Très belle épreuve, parfaite de conservation.

161 — Homme nu assis, tourné vers la gauche et tenant une flûte de la main droite. P. en H. (467), sans marque ; on la croit gravée par *Marc-Antoine*, d'après Raphaël.

162 — Les Chanteurs. Trois hommes debout qui chantent, ils sont vêtus à la mode du temps. Le premier à gauche est vu presque par le dos, la tête couverte d'un bonnet de fourrure. P. en H. (468), elle est sans marque. Ce morceau paraît être de l'invention de de *Marc-Antoine*, il est très rare (*).

163 — Un homme assis sur une butte, près d'un massif d'arbres, et jouant de la guitare ; la tablette où se lit le mot : PHILOHEO, au bas du même côté le chiffre du maître. P. en H., l'une des meilleures que *Marc-Antoine* ait gravées dans ses première manières. Elle est d'après Francia (469).

164 — Une Femme vêtue à la romaine, marchant vers la gauche et portant sur sa tête un vase qu'elle sou-

---

(*) Une épreuve a été adjugée au prix de 655 fr., plus les cinq pour cent, à la vente de la collection de M. *Debois*.

tient de la main gauche. P. en H. (470). Vers la gauche, au bas d'une porte les lettres A. V., et au haut à droite l'année 1528.

Collections de MM. *Robert-Dumesnil* et *Debois*.

165 — Homme tenant une femme par les mains. Ces deux figures sont vues de profil, l'homme prend le bras droit de la femme de la main gauche, et la femme prend le poignet droit de l'homme de sa main gauche. P. en H. (471), sans marque.

Épreuve du premier état sans aucune retouche.

166 — L'homme qui se chausse. Il est assis sur une motte de terre, à côté d'un groupe d'arbres qui est à gauche. P. en H., sans marque (472)

Très belle épreuve. Collection *Durand* et de *M. Debois*

167 — Une barque conduite par deux bateliers, dans laquelle sont deux hommes et deux femmes ; dans le lointain un rocher et à droite un vaisseau, au coin à gauche une tablette sans marque. P. en H. (473), gravée d'après Raphaël, par *Augustin Vénitien.*

Belle épreuve d'une pièce rare. Collection *Delbecq*.

168 — L'homme portant la base d'une colonne ; il dirige ses pas vers la droite de l'estampe, où l'on remarque dans le fond à droite le tronc d'un arbre sec. Au bas à droite la tablette sans marque. P. en H. (476).

Superbe épreuve.

169 — L'homme au drapeau, il est nu, la tête couverte d'un casque panaché et ayant à ses pieds un lion couché ; il s'efforce de planter en terre un drapeau

agité par le vent. P. en H., sans marque (481), gravée par *Marc-Antoine*, d'après Raphaël.

Belle épreuve. Collection de M. Robert-Dumesnil.

169 *bis* — Angélique et Médor (484), morceau gravé par *Marc-Antoine*, d'après un dessin de Jules Romain. P. en H.

Très belle épreuve.

170 — Les Grimpeurs. Tel est le nom donné à cette estampe ; elle représente trois soldats qui, pendant qu'ils se baignent dans le fleuve d'Arno, sont alarmés par l'approche de l'ennemi. Au milieu du bas de l'estampe un écriteau où se lit l'année 1510. P. en H. (487) Ce morceau est un des plus rares de l'œuvre. *Marc-Antoine* l'a gravé avec le plus grand soin d'après un dessin de Michel-Ange, qui a fait partie de son fameux carton de la guerre de Pise. Il est à remarquer que le paysage qui orne le fond de l'estampe est une copie faite par *Marc-Antoine* sur l'estampe de Lucas de Leyde, représentant le moine Sergius.

Belle épreuve vigoureuse de ton (*).

170 *bis* — Copie en contre partie ; on lit sur l'écriteau du milieu de l'estampe Mic. Angelvs. B. A. Au coin à droite M. L. (*Michel Luchèse*).

Très belle épreuve avec barbe de la planche.

171 — Deux Cariatides aidant à supporter une cassolette qui repose en partie sur une colonne tronquée, au bas à gauche la tablette sans le chiffre. Le dessus de la cassolette est percé en forme de fleurs de lys, ce qui,

---

(*) Une épreuve de cette estampe a été adjugée récemment à la vente de M. Jecker au prix de 1520 fr., plus les cinq pour cent.

joint à des salamandres dont la frise est ornée, fait juger que Raphaël a fait ce dessin pour François 1er, roi de France. P. en H. (491), gravée par *Marc-Antoine* dans son meilleur temps.

X. PORTRAITS. — XI. ARCHITECTURE. — XII. SUJETS D'APRÈS ALBERT DURER.

172 — Raphaël Sanzio d'Urbin (496). P. en H. Copie A, en contre partie par un anonyme très habile.

173 — Statue équestre de Marc-Aurèle. Le cheval est posé sur un piédestal où on lit : Romae AD. S. IO. LAT. Plus haut vers la gauche le chiffre de *Marc-Antoine*, qui a gravé ce morceau peu de temps avant son arrivée à Rome. P. en H. (514).

Très belle épreuve, mais rognée d'en bas. Collection de *M. Debois*.

174 — Le chapiteau de l'ordre *Ionique*, à droite les lettres A V et l'année 1536 ; et l'adresse *Ant. Sal. exc.* P. en L. (528).

175 — La façade aux Cariatides (538). Cette façade est décorée en bas de quatre esclaves, et en haut d'un nombre égal de cariatides, au milieu duquel est le buste d'Aspasie ; en bas une porte sur le seuil de laquelle sont deux figures d'hommes pour montrer la proportion des statues. Cette estampe, gravée d'après Raphaël, est rare.

176 — Les vases antiques de bronze et de marbre. P. en H., n. 541, 542, 543, 544, 545, 549, 552. Sept pièces gravées par Augustin Vénitien de 1530 à 1531. Cinq de ces pièces sont avant les adresses de Salamanque.

177 — La Vie de la Vierge. P. en H., (n. 626, 628, 630, 632, 636 et 637). Six estampes, elles font partie de la suite des dix-sept pièces gravées par *Marc-Antoine*, d'après les gravures en bois d'Albert-Durer.

Anciennes et belles épreuves rares.

178 — La Circoncision (632). Double.

179 — Saint Jean l'évangéliste et saint Jérôme, représentés debout. Ce dernier à droite de l'estampe est adossé contre un arbre. Au milieu du bas est une tablette avec le chiffre d'*Albert-Durer*, et 1506, A. 1, c'est-à-dire *Avril 1*, ou *Août 1*, date de la gravure de l'estampe qui est une copie du n. 112 des morceaux en bois de l'œuvre de Durer. P. en H. (643).

180 — Jésus-Christ attaché à la croix, la sainte Vierge est debout à gauche les mains jointes, et saint Jean aussi debout à droite, tenant un livre. P. en H., gravée par *Marc-Antoine*, dans sa première manière, d'après un tableau d'*Albert-Durer*. (645).

Belle épreuve d'un beau morceau extrêmement rare. Collection de M. *Debois*.

181 — Le corps de Jésus-Christ pleuré par les saintes femmes. P. en H. (647), copie en contre partie du n. 13 des gravures en bois d'*Albert-Durer*, dont le chiffre dans une tablette est marqué à la gauche du bas.

Morceau très rare.

182 — Le Seigneur et la Dame. P. en H. (652). Cette estampe est une copie en contre partie de l'estampe d'*Albert-Durer*, n. 94 de son œuvre.

**ANONYMES ITALIENS** au XVIe siècle. (*Bartsch*, vol. XV), de l'École de *Marc-Antoine*.

4-75   183 — Fuite en Egypte. P. en H., d'après Raphaël, (B. vol. XV, p. 16, n. 4), gravée dans le goût de Bonasone.

Collection *Delbecq*.

4-75   184 — Une Sibylle, d'après Raphaël. P. en H. (B. vol. XV, p. 27, n. 6). Heinecken a attribué cette jolie petite pièce à Marc-Antoine.

Collection *Delbecq*.

5   185 — Diane sur des nues, dans un char attelé de deux chiens qu'elle dirige. P. en L , d'après Lucas Penni, dans un goût approchant d'Augustin Vénitien. (B. vol. XV, p. 39, n. 9).

Très belle épreuve. Dans cette estampe on lit *carro Deana*. Bartsch écrit *Diana*. Collection *Delbecq*.

3   186 — Psyché emportée dans l'Olympe. Fragment non décrit du même sujet décrit dans Bartsch, vol. XV, p. 36.

Collection *Delbecq*.

5-50   187 — Plusieurs Enfants portant avec peine un cerf dans une chaudière. P. en H. (B. vol. XV, p. 305). On lit en bas à droite : INV MICH. ANG. BONAROTI, et à gauche : AENE. VIC PARM. INCIDEB. ANNO D. M. XLVI.

Collection *Delbecq*.

3-50   188 — La Force. Une femme debout, la main gauche appuyée sur un fût de colonne, un lion couché à ses pieds. A gauche des ruines, dans le haut du même côté,

on lit : FORTITVDO. Morceau non décrit. H. 0,61 m.
L. 0,84 m.

Très belle épreuve d'une pièce très bien gravée dans la manière de Marc-Antoine.

189 — La Mort surprenant une femme. Elle est nue se regardant dans un miroir ; sur un plan plus éloigné, la mort arrive tenant un sablier ; la roue de la fortune, une aile d'oiseau à terre aux pieds de la femme, complètent ce sujet allégorique. Au bas à droite, on lit : *mortalia facta peribunt.*, et une tablette avec la lettre M. On attribue la composition de ce sujet à Michel-Ange. (B. n. 1, p. 541, vol. XV).

190 — La Madeleine au pied de la Croix qui est à droite. Au bas à gauche, on lit : *Ant. Sal. exc.* P. en H., de l'école de Marc-Antoine. Non décrite dans Bartsch.

191 — David coupant la tête de Goliath, d'après Michel-Ange. P. en L., non décrite.

Collection *Delbecq*, n. 330, deuxième partie.

**CARAGLIO** (Jacques), né vers 1500, à Parme ; il a pris *Marc-Antoine* pour modèle. (*Bartsch*, vol. 15, p. 61.)

192 — Sainte-Famille, d'après Raphael. P. en H. (5), à la gauche du bas, on lit : R. et JACOBUS VERONENSIS F.

193 — Les Amours des Dieux, gravé d'après des dessins fort libres de *Perin del Vaga*. P. en H., Jupiter et Io (B. 9), Bacchus et Ariane (14), Mars et Vénus (15), Hercule et Déjanire (19), Vénus et l'Amour (21). Cinq pièces rares.

194 — Vénus et Adonis. La déesse agenouillée près d'A-

donis mourant. L'Amour debout à droite sur un lit, joint les mains pour exprimer ses regrets. P. en H., qui nous paraît appartenir à la même suite des Amours des Dieux dont Bartsch décrit quinze pièces et n'a pas connu cette seizième.

195. — Divinités de la fable (B., p. 80), Opis (2), Cérès (14), Bacchus (17), Mercure (13), quatre estampes de la seconde suite décrite dans Bartsch comme gravée par Marc-Antoine, dans le goût des Sept Vertus.
Estampes très rares. Collection *Denon*, où elles étaient rangées dans l'œuvre de Marc-Antoine.

196 — Ixion embrassant un nuage qui avait la forme de Junon. (B. appendice n. 1), d'après Périn del Vaga.
Très belle épreuve d'une pièce rare.

**BONASONE** (Jules), peintre et graveur de Bologne, né vers 1531, mort vers 1580. (*Bartsch*, vol. XV.)

197 — Jupiter, Neptune et Pluton partageant entre eux l'empire de l'univers. P. en L. (93), sans marque.
Collection *Delbecq*.

198 — Clélie se sauvant du camp de Porsenna, d'après Polidore de Caravage. P. en L. (B. 83).
Belle épreuve d'une pièce capitale du maître.

199 — Les Amours des Dieux. P. en H. (B. n. 146, 150, 154, 157, 158, 160, 161, 162, 163, 164, en H.
Dix estampes rares, à chacune un sonnet italien.

**MAITRE AU DÉ**, florissait vers 1532; présumé disciple de *Marc-Antoine*. (*Bartsch*, vol. XV, p. 181.)

200 — Le Portement de croix, d'après Raphaël (n. 2).
Épreuve rognée. Collection *Delbecq*.

201 — L'Assomption, d'après Raphaël (7). Le Dé avec la lettre B. se voit au bas à droite.

Collection *Delbecq*.

202 — Apollon poursuivant Daphné (21), le fleuve Pennée (22). Deux estampes en H., d'après Raphaël.

Collection *Delbecq*.

203 — Un Priape autour duquel sont des Nymphes et des Satyres. P. en L. (27).

Très belle épreuve.

204 — La Fable de Psyché, écrite par Apulée; suite de trente-deux estampes, d'après Raphaël, de ce nombre trois sont gravées par Augustin Venitien, les n. 4, 7 et 13, les autres par le Maître au Dé, qui a mis sa marque au n$^{os}$ 6 et 9. (B. 39-70).

Anciennes épreuves avant l'adresse de Salamanque, à l'exception des n$^{os}$ 7, 13, 16 et 32 où elle a été enlevée; il manque aussi à cette suite le n. 9.

205 — Vénus ordonnant à Psyché d'aller chercher de l'eau à une fontaine gardée par des dragons. P. en L., sans marque (71). Cette estampe de la même grandeur que celle de la suite de l'histoire de Psyché, n'en fait néanmoins pas partie.

Très belle épreuve. Collection de sir *Thomas Laurence*.

**ENEE VICO**, dessinateur et graveur, né à Parme vers 1520 mort vers 1570.

206 — Le portrait de l'empereur Charles V, dans un ovale placé au milieu d'un frontispice d'architecture d'ordre dorique, orné de statues et de figures allégoriques sur les victoires de ce prince. P. en H. gravée en

bois. Copie en contre partie de l'estampe d'Enée Vico, gravée en 1550, non décrite par *Bartsch*, qui même en niait l'existence.

Belle épreuve très rare ayant l'inscription dans l'espace blanc du coin à droite.

**MANTUAN** (George Ghisi dit) a gravé de 1540 à 1578.

207 — Le Père éternel soutenant entre ses bras Jésus-Christ mort pour le salut des hommes, au milieu de plusieurs anges qui tiennent les instruments de la Passion (14). Dans une petite tablette au bas à gauche, on lit : *G. Mant. in f. 1576*, P. en H.

Très belle épreuve de la plus grande fraîcheur.

208 — Prophètes et Sibylles peints par Michel-Ange à la chapelle Sixtine au Vatican. Suite de six estampes en H. (B. 17-22). Très belles épreuves.

209 — Tarquin et Lucrèce, d'après Jules Romain. (27). Thétis, d'après Perin del Vaga (33), la Victoire, d'après J. Romain (34). Trois estampes en hauteur.

210 — Vénus assise sur un lit près de Vulcain, et parlant à un Amour qui est debout à gauche. P. en H. (35), d'après *Perin del Vaga*, au bas à droite le chiffre dans une tablette.

211 — Hercule, statue antique du palais Farnèse. Au bas à gauche le chiffre dans une tablette. P. en H. (41).

212 — Hercule victorieux de l'Hydre de Lerne renversée à ses pieds, d'après Jean-Baptiste Bertano. Dans une tablette à mi-corps, du côté gauche : I B B. INV. ; et

dans une du côté opposé : GEORGIVS GHISI MANTVAN$^s$ F. P. en H. (44).

Collection de *M. Debois*.

213. — Le Jugement de Pâris. P. en L. (60). Dans une tablette à gauche du bas : BAPTISTA BERTANO MANTUANUS INVENTOR... GEORGIUS GHISI MANTUANUS FECIT, l'adresse de Cock et la date de 1555, etc.

Belle épreuve d'une pièce capitale du maître. Collection *Denon*.

**MARIUS KARTARUS** ou **CARTARO**, graveur, vivait à Rome vers 1560. (*Bartsch*, vol. XV, p. 520.)

214 — Le martyre de sainte Catherine. P. en H. (13). On lit au bas à droite : *Francischo Saluiati in uentor*, à gauche le chiffre du graveur et l'année 1563.

**MONOGRAMME H. E.** (*Bartsch*, vol. XV, p. 461, n. 20 des monogrammes.)

215 — L'adoration des Bergers (1). P. en H., dont l'invention est attribuée à Dominique Beccafumi. La marque se voit sur le cintre d'une grande porte d'un bâtiment en ruine.

**ÉCOLE DE FONTAINEBLEAU.** (*Bartsch*, vol. XVI, p. 299.)

216 — Le sacrifice d'Abraham, sur une pierre, au bas à droite, on lit : PLACAVIT DEUM OBEDIANTIA. P. en L., (n. 4 des anonymes), d'après un maître anonyme que l'on croit être le *Primatice*.

Collection *Delbecq*.

217 — Un homme nu, paraissant chercher à dompter un cheval sur lequel il est monté, le fond offre des ruines. H. 202 mil. L. 150 mil. Pièce non décrite du maître au monogramme n. 13, vol. XVI, pag. 370 de l'école de Fontainebleau.

Morceau très rare. Collection *Delbecq*.

**ANONYMES ITALIENS** au XVI<sup>e</sup> siècle, non décrits par *Bartsch*.

218 — Adoration des Rois, d'après Jules Romain. A droite saint Longin armé de sa lance ; à gauche saint Jean l'évangéliste. H. 430 mil. L. 380 mil. Pièce inédite gravée à l'eau forte, la composition est une variante du tableau de Jules Romain qui est au musée du Louvre.

Collection *Delbecq*, deuxième partie, n. 417.

219 — Sainte Agnès, elle est debout, dirigée vers la droite, tenant un vase qu'elle vient de découvrir ; à droite à ses pieds un livre ouvert. H. 81, L. 55 m.

Jolie petite pièce très finement gravée.

220 — Sainte Eulalie. Gravée par un anonyme dans le goût de Tempesta. P. en H. non décrite.

Collection de *M. Debois*.

221 — La Guerre ; femme casquée assise sur des trophées, à droite du haut, on lit : *Bellum fax mundi*. P. en H., non décrite, très finement gravée.

Collection *Delbecq*, n. 326, deuxième partie.

**ROTA** (Martin), dessinateur et graveur au burin, né à Sebenigo, en Dalmatie, dans le XVIe siècle. (*Bartsch*, vol. 16.)

232 — Le Jugement dernier, que l'on croit gravé d'après Le Titien. On lit, dans la marge du bas, une dédicace à Rodolphe II, par Martin Rota, en 1576. P. en H. (29).

Très belle épreuve d'une pièce rare. Collection de *M. Debois.*

**CARRACHE** (Augustin), peintre et graveur au burin, né à Bologne en 1557, et mort à Parme en 1602. (*Bartsch*, vol. XVIII.)

233 — Le Grand Crucifiement (23). Grande pièce en trois planches jointes sur la largeur et gravée d'après le fameux tableau du Tintoret qui est dans l'église de la Confrérie de Saint-Roch, à Venise. Dans la marge du haut, huit distiques latins et une dédicace.

234 — Pan dompté par l'Amour (B. 116). Au bas, à droite, 1599, A. C. IN. et au milieu du haut : *Omnia vincit amor ;* dans la marge du bas, les lettres P. S. F. (*Petri Steffanoni formis*). P. en L.

Belle épreuve d'une jolie pièce du maître.

**CARRACHE** (Annibal), frère d'Augustin, né à Bologne en 1560, mort à Rome en 1609. (*Bartsch*, vol. 13.)

235 — Jupiter et Antiope (17). Copie assez bien gravée.

236 — La Soucoupe. Le dieu Silène, couché par terre, entre un Faune et un Satyre. Ce sujet a été gravé au burin dans le fond d'une soucoupe d'argent qui se voit au musée de Naples (B. 18). Pièce ronde.

Une note de Mariette indique que cette épreuve lui a été donnée par le comte de Tessin en 1741.

— 50 —

**LOLI** (Laurent), peintre et graveur à l'eau-forte, né à Bologne, à ce que l'on croit, vers 1612. (*Bartsch*, vol. XIX.)

237 — La Renommée (31). Au bas, à gauche, on lit : *Sirani I.*; à droite : *Laurentius lolius F.*

**SALVATOR ROSA**, nommé **SALVATORIELLO**, né à Renella, près Naples, en 1615, mort à Rome en 1673. (*Bartsch*, vol. XX.)

238 — Cinq Fleuves. P. en L. Le chiffre de S. Rosa gravé à la droite du bas (15).

**SCHIAMINOSI** (Raphael), né à Borgo San-Sépolcro, vers 1570. On ignore l'année de sa mort. (*Bartsch*, vol. 17.)

239. — Assomption de la Vierge. P. en H. (36), gravée à l'eau-forte.

**FRANCESCO BONONIENSIS**. Ce maître de Bologne n'est cité par aucun calcographe.

240 — Groupe de sept hommes tournés vers la gauche dans l'attitude de la surprise et de l'admiration. Au milieu du bas, on lit : *Paulo Veronese inu*, et à droite : *Fr. Bononiensis fecit*. H. 198 m., L. 241.

Très jolie pièce non décrite. Collection *Delbecq*, deuxième partie, n. 469.

**GOYA** (François), peintre et graveur (École de Castille), né à Fuentelodos, royaume d'Aragon. Il fut nommé peintre du roi Charles III en 1780; il mourut à Bordeaux en 1814.

241 — Sujet fantastique. Un personnage grotesque paraissant danser au son des castagnettes, au milieu d'autres figures chimériques. P. en L.

242 — Autre sujet fantastique d'un grand nombre de fi-

gures chimériques ; au premier plan, trois tortues. P. en L.

Ces deux pièces à l'eau-forte sont de la plus grande rareté.

## CLAIR-OBSCUR ou CAMAYEUX. (*Bartsch*, vol. XII.)

243 — David coupant la tête de Goliath. P. en L. d'après Raphaël (I<sup>re</sup> sect., n. 8). On lit, au milieu du bas : *Raphael urbinas P. Vgo da Carpi.*

Premier état très rare avant les noms. Les angles sont coupés Collection *Delbecq*.

244 — Diogène assis sur son tonneau. On voit dans le fond, à droite, le coq déplumé qu'il avait envoyé par raillerie à Platon, lorsque celui-ci eut défini l'homme un animal à deux pieds sans plumes. Suivant Vasari, *Hugues de Carpi* n'a rien fait de plus beau que ce clair obscur qui est de quatre planches. On lit, à la gauche du bas : *Franciscus Parmen. per Vgo Carp.* Ces deux noms exprimés en blanc. P. en H. (vi, sect. 10).

245 — Le Triomphe de Jules César, peint à Mantoue par ordre de François de Gonzague, quatrième marquis de Mantoue, au palais près de l'église de Saint-Sébastien, et gravé en clair obscur de quatre planches, en 1599 sur les dessins faits par Bernard Malpizzi, peintre de Mantoue. Suite de neuf pièces, plus un titre avec le buste de François de Gonzague (B. vi, sect. n. 11).

246 — La même suite. 10 pièces.

247 — Jason retournant victorieux de la Toison d'Or. Clair obscur de trois planches, d'après le Parmesan; à la gauche du bas, le chiffre d'*André Andréani.*

248 — L'Homme assis vu par le dos. Clair obscur de deux planches, gravé d'après le Parmesan, par *Antoine de Trente*. Ce morceau est cité par Vasari. (X sect. 13).

249 — La sibylle Tiburtine et Auguste. Clair obscur de deux planches d'après le Parmesan, par *Antoine de Trente*. Très belle pièce et une de celles citées par Vasari. P. en H. (V. sect. 7).

Collection *Delbecq*.

250 — Le martyre de Saint-Pierre et de Saint-Paul, d'après le Parmesan. P. en L. Clair obscur de trois planches, par *Antoine de Trente*. Cette pièce est une de celles citées par Vasari (IV sect. 28).

Collection *Delbecq*.

251 — Saint-Jean prêchant dans le désert, d'après le Parmesan, par *Antoine de Trente*. P. carrée. (IV sect. 17). Clair obscur à deux planches.

Épreuve avant le chiffre du graveur. Collection *Delbecq*.

252 — Saint-Jérôme. P. en H. A gauche, au bas, on lit : *Gnid. Rhen. Inuen. Barthol. Coriolanus eques sculpsit Bonon.*, 1637 (IV série, n. 33).

Clair obscur de trois planches, épreuves du premier état. Collection *Delbecq*.

253 — Vierge, d'après le Baroche, *Bartsch*, II sect., n. 11. — Vierge, III sect. n. 26. — Adoration des Mages, II sect. n. 3. — Vierge, III sect. n. 24. — Vierge et plusieurs Saints, III sect. n. 25. — Martyre de Saint-Pierre et Saint-Paul, d'après le Parmesan, IV sect. 28. — Saint-Jean, IV sect. n. 17. — Psyché, VII sect. n. 26.

Huit pièces en camaïeux.

254 — Marthe et Marie allant au Temple. P. en L., d'après Raphaël (II° sect. n. 12). Clair obscur de deux planches, par un anonyme.

255 — Dix pièces en camaïeux, d'après le Parmesan et autres maîtres, par André Andreani, Balema, Arthur Pond, etc.

---

## DEUXIÈME PARTIE.

### Graveurs Allemands aux XV°, XVI° et XVII° siècles.

**XYLOGRAPHIE.** (Voyez gravures sur bois, page 86.)

**LE GRAVEUR DE L'AN 1466.** On n'a point de notice. On sait seulement que c'était un Allemand. Quelques unes de ses estampes sont marquées d'un E ou d'un E et d'une S en caractères gothiques. En outre, il y en a de marquées des dates de 1466 et 1467. (*Bartsch*, vol. VI.)

256 — Saint-Georges. Il est à cheval, au milieu de l'estampe, il tient des deux mains une lance qu'il enfonce dans la gueule du dragon qui s'accroche à une des jambes du cheval. La reine se voit à genoux dans le fond, à droite de l'estampe. Le lointain offre des arbres et un rocher surmonté d'une forteresse vers la gauche. H. 16 c. L. 11 c.

Jolie pièce non décrite de la collection *Buckingham*.

**SCHONGAUER** dit **SCHOEN** (Martin), peintre, et le plus ancien des graveurs dont le nom soit connu. Les seuls renseignements que l'on ait sur cet habile artiste sont d'anciennes inscriptions marquées sur son portrait dans le cabinet de Paul de Prauu, à Nuremberg. Ses ouvrages sont marqués des lettres gothiques M S séparées par une croix. (*Bartsch*, vol. VI.)

257 — Jésus-Christ à la Croix (25). Des anges en l'air recueillent son sang dans des calices. Au pied de la croix à gauche la Vierge, à droite Saint-Jean. P. en H.

258 — Saint-Etienne (49). Il est représenté debout vu de face, il porte des pierres dans les pans de sa tunique. P. en H.

259 — Saint-Michel perçant d'une lance le démon qu'il vient de terrasser (58). Au milieu du bas, la marque. P. en H.

260 — Saint-Sébastien (59). Il est attaché à un arbre et percé de flèches. La marque au milieu du bas. P. en H.

261 — Sainte-Agnès (62). Elle est debout, tenant une palme de la main gauche et de l'autre un livre; un mouton est à ses pieds. P. en H. Au bas, la marque. Superbe épreuve.

262 — La Vierge assise, à gauche de l'estampe, sur un trône auprès de Dieu qui lui donne sa bénédiction. On voit au milieu du fond trois anges en adoration (71). Au milieu du bas, la marque. P. en H. presque carrée. Très belle épreuve d'une jolie pièce du maître.

263 — L'*Ecce Homo* (69). Jésus-Christ, l'homme de douleur, couronné d'épines et ayant les mains croisées sur sa poitrine. A sa gauche Saint-Jean, à sa droite la Vierge. Ces figures sont à mi-corps et paraissent à tra-

vers une arcade d'architecture gothique. P. en H. Le monogramme marqué au milieu du bas, près le bout du manteau de la Vierge.

264 — Une des Vierges sages, la troisième (79). Au milieu du bas, la marque. P. en H.

Collection de *M. Debois*.

265 — Une des Vierges folles vue à mi-corps (87). Au bas la lettre M et la lettre S au rebours. P. en H.

Collections *Jonh Barnard* et de *M. Debois*.

**MECKEN** (Israhel Van). Ce maître, sur lequel on n'a pas de notice, a marqué ses estampes des lettres I. M. ou I. V. M., ou *Israhel V*, toujours en caractères gothiques; une seule de ses estampes porte la date de 1502. On croit que cet artiste a été orfèvre et contemporain de *Martin Schongauer*, dont il a copié les estampes. (Voy. *Bartsch*, vol. VI.)

266 — La Passion de Jésus-Christ. Suite de douze estampes en hauteur; à chacune, au milieu du bas, les lettres I M (*) gothiques. P. en H. (10 à 21).

Épreuves du deuxième état avant les lettres de l'alphabet depuis A jusqu'à M qui se trouvent dans le troisième état.

267 — La Mort de la Vierge (50). Au milieu du bas, la marque *Israel* V. M. P. en H. Cette estampe est une copie de celle de *Martin Schongauer*, n. 33 de son œuvre.

Epreuve doublée.

268 — Lucrèce se donnant la mort en présence de Collatin son époux et des principaux de la ville de Rome, pour venger l'honneur qui lui a été ravi par Tarquin

---

(*) Bartsch en parlant des trois états ne mentionne nullement la marque I M à chaque pièce.

(168). Au bas, à gauche, on lit : *Israhel* V M et dans la marge du bas : *Pronece*......., etc. P. en H. (Cette marge manque).

Belle pièce du maître.

269 — Le Danseur. Une jeune femme tenant par la main un jeune homme qui en dansant porte un verre au milieu du front (172). La marque I V au milieu de la marge d'en haut. (Cette marge manque).

Très belle épreuve.

270 — Rinceaux d'ornements en forme de frise, représentant la Généalogie de Jésus-Christ (203). Un peu vers la gauche, les lettres I V.

Cette estampe est incomplète vers la droite.

271 — Vierge couronnée, debout sur un croissant, portant l'Enfant-Jésus dans ses bras ; elle est soutenue par quatre anges (43 de l'Appendice). P. en H.

**WENCESLAS D'OLMUTZ.** (*Bartsch*, vol. VI, p. 317, n° 325 des Monogrammes.)

274 — Le Seigneur et la dame (50), la lettre W marquée au milieu du bas de l'estampe. P. en H., copie en contre partie de l'estampe d'Albert-Durer.

Collection *Delbecq*.

**HALART DU HAMEL**. (*Bartsch*, vol. VI, p. 354, n° 111 des Monogrammes.)

275 — Une Bataille ; deux armées sont en présence, l'action est chaude, déjà le champ de bataille est jonché de morts. Deux trompettes qui se voient vers le mi-

lieu de la gauche, sonnent la retraite; dans le haut de l'estampe on remarque deux villes fortifiées, à celle de droite un pont levis, et du même côté une potence. H. 29 c. L. 42 c.

Belle pièce non décrite par *Bartsch*.

**MAIR.** Suivant le manuscrit de Paul Beham, cité par de Murr, ce maître était de Landshut. (*Bartsch*, vol. VI.)

276 — Une maison d'architecture gothique ornée de statues. A la porte de cette maison une dame reçoit un homme qui va y entrer; au coin à gauche, on lit : MAIR. P. en H. Bartsch met cette pièce, quoique très bien gravée, dans les pièces douteuses.

Très belle épreuve.

277 — Sainte Anne à mi-corps, ayant sur ses genoux la Vierge qui tient l'Enfant-Jésus. Ces trois figures sont placées dans une espèce de niche, ornées de quatre anges (8). Au bas des deux colonnes est gravée la lettre W., qui sans doute signifie *Wenceslas d'Olmutz*, qui aurait gravé cette pièce d'après un dessin de MAIR dont on voit le nom au milieu du bas, après l'inscription 1559, HILF SANN SELB TRITT. P. en H.

Superbe épreuve.

**ZAGEL** ou **ZINK.** (Martin). Telle est l'explication donnée aux lettres M. Z. gothiques qui se trouvent aux estampes d'un vieux maître, lequel, selon Sandrart, florissait vers 1500. (*Bartsch*, vol. VI, n° 251 des Monogrammes.)

278 — La Vierge assise sur le bord du bassin d'une fontaine, l'Enfant-Jésus sur ses genoux (2). Les lettres

M Z marquées au milieu du bas, et l'année 1501 sur la fontaine à droite. P. en H.

Superbe épreuve d'une jolie pièce.

279 — Le martyre de saint Sébastien (4). Le chiffre est au milieu d'en bas. P. en H.

Belle épreuve.

280 — La décollation de sainte Catherine (8). Le chiffre est au milieu du bas. P. en H.

**B. M.**, maître allemand du XVe siècle, de style gothique. (*Bartsch*, vol. VI, n. 40 des Monogrammes.) Ce calcographe décrit quatre pièces de ce maître; il n'a pas connu celle que nous allons décrire.

281 — La Vierge et l'Enfant-Jésus. La Vierge tournée vers la droite, est assise sur un banc de gazon, entourée d'une grande draperie sur laquelle est l'Enfant-Jésus. Au bas de l'estampe vers la gauche, une touffe de plantes, et au milieu du bas la marque B. M. Hauteur 18 c. L. 14 c.

Cette rare et jolie estampe inédite avait été placée dans l'œuvre de *Montagna* par l'identité du monogramme, mais le caractère allemand des têtes et le style des draperies nous l'a fait restituer avec certitude à son auteur.

**B. S.**, maître allemand fort ancien. (*Bartsch*, vol. VI, p. 68, n° 43 des Monogrammes.)

282 — Le portement de Croix (8). La marque B S au milieu du bas.

Le Crucifiement (9). La marque au milieu du bas.

**ALBERT DURER**, peintre et graveur, né à Nuremberg en 1471, mort dans la même ville en 1528. Entré dans l'école de *Michel Wolgemuth*, il y apprit la peinture et se livra à l'étude de la gravure. Les estampes de *Schongauer* et de *Mecken* lui servirent de modèles. Sa manière tient d'abord de ses premiers maîtres; mais il sut tellement la perfectionner qu'on peut le regarder comme le premier qui ait illustré la gravure en Allemagne. Il n'a pas été surpassé pour la finesse, la variété du travail et la netteté que l'on remarque dans ses ouvrages. Non content de ses succès dans la peinture et la gravure, cet artiste célèbre prouva la profondeur de son savoir par des ouvrages sur la géométrie, la perspective et les proportions du corps humain. *Bartsch*, vol. VII, donne le catalogue de l'œuvre de ce maître en 108 pièces gravées sur cuivre, la plus grande partie marquée du chiffre formé des lettres A. D. et des années 1497 à 1526, et aussi 170 pièces gravées en bois sur ses dessins et un appendice de 72 pièces gravées en bois, dont les compositions lui sont attribuées.

283 — Adam et Eve séduits par le serpent, qui leur persuade de manger du fruit de l'arbre de vie. Dans une petite tablette suspendue à une branche d'arbre qu'Adam tient de la main droite, on lit : *Albertus Durer noricus faciebat*, le chiffre et l'année 1504. P. en H (B. n. 1).

Superbe épreuve d'une pièce capitale du maître. Collection de M. *Debois*.

284 — La Nativité. Jésus couché sur une pierre carrée dans l'étable de Bethléem, est adoré par la Vierge qui est à genoux à gauche. Dans une cour, à droite, hors de la maison, saint Joseph est occupé à puiser de l'eau d'un puits. Le chiffre et l'année 1504 sont marqués sur une tablette suspendue en guise d'enseigne au pignon de la maison. P. en H. (2). Dans ce morceau connu aussi sous le nom de la petite treille, Durer a apporté un soin dont rien n'approche dans ses autres ouvrages.

Belle épreuve d'une pièce rare.

285 — La Nativité. (B. 2). Double.

286 — Copie A, très trompeuse, mise au jour par *Adrien Huber*. Épreuve du 2ᵉ état, avec l'inscription et la date de 1584.

287 — Suite de divers sujets de la Passion de Notre Seigneur Jésus-Christ, représentée en seize pièces en hauteur ; à ces morceaux les chiffres et les années 1507 à 1513 (n. 3 à 18).

Belles épreuves égales de ton, d'une jolie suite.

288 — Jésus en prière au jardin des Olives ; il est à genoux dirigé vers la droite. Au milieu du bas l'année 1515, et au-dessous le chiffre. P. en H. (19). Morceau gravé sur une planche de fer.

Superbe épreuve avec sept millimètres de marge. Collections *Boutourlin* et *M. Debois*.

289 — Jésus-Christ, l'homme de douleur ; il est au pied de la croix les bras étendus. A gauche une tête de mort, à droite sa robe et les dés avec lesquels elle fut jouée par les soldats. Le chiffre au bas à droite. P. en H. (20).

Superbe épreuve. Collection de *M. Debois*.

290 — L'Homme de douleur aux mains liées. Le fond à droite est orné d'un groupe de deux arbres plantés au sommet d'une colline. Le chiffre au milieu près du bord droit de l'estampe. H. 120 mil. L. 75 mil.

Jolie copie du n. 21 à l'eau forte, non décrite par Bartsch ; elle est rare.

291 — Crucifix (23). Jésus-Christ attaché à la croix, dont sainte Madeleine à genoux embrasse le pied. On voit à droite la Vierge accompagnée de deux saintes

femmes, et à gauche Saint-Jean, au-delà duquel on aperçoit un soldat armé d'un écusson. Cette estampe est ronde, son diamètre de 35 mil. L'on prétend, dit *Bartsch*, qu'*Albert-Durer* l'a gravée sur le pommeau de l'épée de l'empereur Maximilien, c'est sous ce nom qu'elle est connue des amateurs d'estampes, c'est une des plus belles d'Albert-Durer, en même temps une des plus rares.

Notre épreuve très belle et avec 5 millimètres de marge vient de la collection *Delbecq* à la vente duquel cabinet elle a été payée 1,055 fr.

292 — Copie B. très trompeuse par un anonyme, et Copie C. par Wierix.

Deux estampes.

293 — Les Saintes Femmes secourant la Vierge évanouie au pied de la croix où Jésus est crucifié. Au milieu du bas le chiffre, et au-dessous l'année 1508 dans dans une tablette. P. en H. (24).

294 — La sainte Face de Jésus-Christ. Deux anges en l'air soutiennent le drap sur lequel est la sainte Face. L'année 1513 et le chiffre sont marqués au milieu du bas de l'estampe. P. en L. (25).

Très belle épreuve.

295 — Un Ange sur les nues, tenant en l'air un voile sur lequel est la sainte Face de Jésus. Au bord à droite l'année 1516 et le chiffre. P. en H. (26).

Très belle épreuve avec douze millimètres de marge. Collection de *M. Debois*.

296 — L'Enfant prodigue gardant les pourceaux. Il est vu de profil dirigé à droite, il implore à genoux la miséricorde de Dieu. Au milieu du bas le chiffre. P. en H.

(28). Dans ce morceau, l'un des premiers de Durer, il a exprimé son portrait sous la figure de l'enfant prodigue.

Très belle et vigoureuse épreuve avec barbes de la planche. Collections *Boutourlin* et M. *Debois*.

29    297 — Très belle copie en contre partie que ne décrit pas Bartsch, par un vieux maître anonyme. Le chiffre qui dans l'estampe originale est au milieu du bas, est dans la copie au coin du bas à gauche.

20    298 — Sainte Anne touche de ses mains la tête de la petite sainte Vierge, qu'une femme à cheveux flottants tient dans ses bras. Au haut de l'estampe, Dieu le père. Au bas vers la gauche le chiffre. P. en H. (29).

Belle épreuve d'une pièce rare.

15    299 — La Vierge aux cheveux longs liés avec une bandelette. Elle est debout sur un croissant, l'Enfant-Jésus dans ses bras. Au milieu du bas le chiffre. P. en H. (30).

Jolie petite pièce très rare.

6    300 — La Vierge à la couronne d'étoiles, elle tient dans ses bras l'Enfant-Jésus à qui elle présente des fruits. L'année 1508 et le chiffre sont marqués à la droite du bas de l'estampe. P. en H. (31).

12    — 301 — La Vierge à la couronne d'étoiles et un sceptre. Vers le haut à droite l'année 1516. Le chiffre vers le bas du même côté. P. en H. (32).

21    302 — La Vierge aux cheveux courts liés avec une bandelette. Elle est debout sur un croissant, l'Enfant-Jésus dans ses bras. Au bas à droite l'année 1514 et le chiffre. P. en H. (33).

*14* 303 — La Vierge allaitant l'Enfant-Jésus; derrière elle une tige d'arbre où est suspendue une tablette sur laquelle on lit l'année 1503. Au milieu du bas, sur une pierre, le chiffre. P. en H. (34).

*33* 304 — La Vierge embrassant l'Enfant-Jésus; elle est assise sur un gazon à droite au pied d'un arbre. Au milieu du haut l'année 1503 et le chiffre. P. en H. (35).

Très belle épreuve.

*30* 305 — La Vierge assise sur un siége de gazon bordé de planches; elle donne le sein à l'Enfant-Jésus. Au coin à gauche, sur une pierre, l'année 1512 et le chiffre au-dessous. P. en H. (36).

*30* 306 — La même estampe.

*23* 307 — La Vierge assise sur un banc de bois couvert d'un coussin; elle est couronnée par un ange. Sur une tablette à terre, à gauche, l'année 1520 et le chiffre au-dessus. P. en H. (37).

Belle épreuve. Collection *Donnadieu*.

*5* 308 — Copie A, très trompeuse, belle épreuve.

*3* 309 — Copie plus petite en contre-partie de cette estampe, par Jacques Binck, elle porte son chiffre et l'année 1526.

Cette pièce est très rare, elle est non décrite.

*30* 310 — La Vierge assise sur une pierre couverte d'un coussin, l'Enfant-Jésus emmailloté sur ses genoux. Au coin à gauche, une tablette avec l'année 1520 et le chiffre au-dessous. P. en H. (38).

*38*  311 — La Vierge assise à gauche sur une grosse pierre, auprès d'une haie ; elle est couronnée par deux anges. Au coin du bas à droite, l'année 1520 et le chiffre. P. en H. (39).
Très belle épreuve d'un joli morceau.

*50*  312 La Vierge assise à droite au pied d'une muraille; l'Enfant-Jésus sur ses genoux ; dans le fond à gauche on voit une ville. L'année 1514 et le chiffre sont marqués sur le bord à droite. P. en H. (40).
Très belle épreuve avec huit millimètres de marge.

*40*  313 — La Vierge, l'Enfant-Jésus sur ses genoux, est assise sur une butte, au pied d'un arbre; elle tient une poire dans la main. Au bas à gauche une tablette avec le chiffre. Dans le haut l'année 1511. P. en H. (41).
Très belle épreuve avec trois millimètres de marge.

*28*  314 — La Vierge tenant sur ses genoux l'Enfant-Jésus, qui joue avec un oiseau; elle est assise au bord d'une rivière, sur une terrasse soutenue par des planches auxquelles un singe est attaché. Au milieu du bas le chiffre. Joli morceau connu sous le nom de *la Vierge au singe*. P. en H. (42).

*70*  315 — La Vierge au papillon. Elle est assise sur un siège de gazon, l'Enfant-Jésus dans ses bras ; à gauche saint Joseph endormi. Dans le ciel se voient Dieu le père et le Saint-Esprit. Au bas à gauche un papillon, et au milieu le chiffre en caractère gothique. Cette estampe, dit *Bartsch*, est une des premières que *Durer* ait gravées. P. en H. (44).
Très belle épreuve.

316 — La Vierge à la porte. Elle est assise près d'une porte, sur un coussin placé sur une butte entourée de bois. Elle donne le sein à l'Enfant-Jésus, qu'elle a sur son bras gauche. Vers la droite un tronc d'arbre au-dessus duquel apparaissent Dieu le père et le Saint-Esprit. Au bas à terre, à gauche, une tablette avec le chiffre et la date de 1520. P. en H. (45).

Très belle épreuve d'un morceau très rare. Cette belle pièce est rangée toujours dans l'œuvre d'Albert Durer.

317 — Les cinq disciples de Jésus : Saint Philippe, saint Barthélemy, saint Thomas, saint Simon et saint Paul. Suite de cinq pièces en H. (46 à 50). Elles sont marquées du chiffre et des années 1514, 1523, 1526.

318 — Saint Christophe, il passe à gué une rivière; l'Enfant-Jésus, qu'il porte sur ses épaules, tient la main droite élevée pour donner sa bénédiction. L'année 1521 et le chiffre sur une pierre carrée à gauche, P. en H. (52).

319 — Saint Georges; il est représenté debout, armé de toutes pièces et tenant de la main droite un étendard. A ses pieds le dragon qu'il vient de terrasser. Au coin à gauche le chiffre sur une tablette. P. en H. (53).

Superbe épreuve.

320 — Saint Georges à cheval, il se dirige vers la droite, tenant de la main droite un étendard balancé sur sa selle; le dragon renversé au pied de son cheval. Au bas, vers la gauche, une tablette avec le chiffre et l'année 1508. P. en H. (54).

Collection de M. Debois.

321 — Saint Sébastien attaché à une colonne les mains liées derrière le dos. Un écriteau avec le chiffre est placé au bas du pilier de pierre qui est à gauche de l'estampe. P. en H. (56).

322 — Saint Hubert ou saint Eustache (*); il est à gauche de l'estampe et dirigé vers la droite où se voit un cerf ayant un crucifix entre ses bois, que le saint adore à genoux les mains élevées; le cheval du saint et cinq chiens de chasse dans diverses attitudes; le chiffre est au milieu du devant. Cette estampe, dit *Bartsch*, l'une des plus finies et des plus rares de l'œuvre en est aussi la plus grande. P. en H. (57).

Très belle épreuve.

323 — Étude faite d'après les cinq chiens de l'estampe précédente. Au coin à gauche le chiffre d'Albert Durer.

Pièce très rare non décrite par Bartsch. L. 0140 mil. H. 080 mil.

324 — Saint Antoine. Il est assis à terre, tourné vers la gauche, s'occupant à lire, près de lui un bâton surmonté d'une double croix. La vue d'une ville fortifiée occupe le fond. Au bas, vers la gauche sur une tablette, l'année 1519 et le chiffre. P. en L. (58).

Très belle épreuve d'une pièce parfaitement gravée.

325 — Saint Jérôme. Il est assis dans le creux d'un rocher ayant devant lui une table sur laquelle est un livre ouvert, et vers la gauche un crucifix auquel il

---

(*) Suivant la légende, le Christ apparut à l'un et à l'autre de ces deux saints. Durer l'appelle saint Eustache dans son Voyage aux Pays-Bas en 1520 et 1521; il dit : J'ai donné au maître Giles, portier du roi Charles, un Eustache et une Némésis. Au facteur de Portugal l'Eustache.

adresse sa prière les deux mains élevées. Le chiffre est marqué sur un rocher au-delà du lion, près du bord de l'estampe. L'année 1512 est tracée au haut de l'estampe. P. en H. (59). Morceau gravé à l'eau forte sur une planche de fer.

326 — Saint Jérôme écrivant dans sa cellule, où l'on voit un lion et un renard couchés par terre; des meubles et divers accessoires y sont gravés avec un soin infini; on admire l'intelligence avec laquelle est rendue la vive lumière qui frappe les vitres d'une croisée dont les fenêtres sont fermées. L'année 1514 et le chiffre sont marqués dans une tablette à droite, près du bord de l'estampe, au-dessous de la croupe du lion. P. en H. (60).

Belle épreuve avec trois millimètres de marge. Collection *Debois*.

327 — Copie A de l'estampe précédente du sens de l'original par *Jérôme Wierix* à l'âge de treize ans.

Belle épreuve avec marge,

328 — Copie aussi du même sens, non décrite par Bartsch, elle est gravée par *M. Kartarus*, dont elle porte la marque, avec l'année 1564 dans une tablette à droite.

329 — Saint-Jérome en pénitence; il est représenté à genoux, étendant la main droite, de laquelle il tient un caillou pour se frapper la poitrine. Le chiffre tracé au milieu du bas de l'estampe. P. en H. (61).

Belle épreuve.

330 — Sainte Geneviève représentée nue, assise dans le creux d'un rocher, allaitant un enfant qu'elle tient dans

ses bras. Dans le fond, Saint Chrysostôme faisant pénitence. P. en H. (63).

Superbe épreuve.

331 — Trois Génies en accompagnement d'un écusson d'armes. Le chiffre marqué au bas, à gauche. P. en H. (66).

Les quatre coins sont coupés à cette épreuve.

332 — Une Sorcière allant au sabat, montée sur un bouc ; elle est accompagnée de deux génies. Deux autres sont plus en avant. Le chiffre à rebours vers la droite du bas. P. en H. (67).

333 — Apollon et Diane. Le chiffre est marqué à droite sur la roche où Diane est assise, caressant un cerf. P. en H. (68).

334 — La Famille du satyre, il est debout à gauche, jouant de la flûte devant une femme assise, un enfant couché sur ses genoux. Au bas à droite, suspendue à une branche d'arbre, une tablette avec le chiffre et l'année 1505. P. en H. (69).

Magnifique épreuve d'une charmante pièce du maître.

335 — Cinq études de figures, quatre sont nues, la cinquième de profil est à mi-corps et vêtue à l'allemande. P. en H. (70).

Cette estampe a été gravée à l'eau forte sur une planche de fer. Collection *Debois*.

336 — Triton enlevant Amione, une des cinquante filles du roi Danaüs, par ordre de Neptune. Dans le fond à gauche, la fille d'Argos, située au pied d'une

haute montagne. Le chiffre du maître est marqué au milieu du bas de l'estampe. P. en H. (71).

Superbe épreuve d'une belle pièce.

337. — La Copie en contre-partie, au coin à droite I. H. V. E. (Jérôme Wierix.)

338 — Une Femme nue surprise dans les bras d'un Satyre par une autre femme qui veut la frapper d'un bâton; un Faune pare le coup avec une branche d'arbre. Le chiffre est sur le devant près le pied gauche du Faune. P. en H. (73). Morceau connu sous le titre de *les Effets de la Jalousie*, et aussi quelquefois sous le nom du *Grand Satyre*.

339 — La Mélancolie, représentée par une femme ailée assise sur une estrade; elle tient un compas et semble livrée à la méditation. Le polygone, les balances, la clepsydre, la cloche et divers instruments d'arts dont elle est entourée, sont les marques du travail naturel aux personnes mélancoliques. Le mot melancolia. S. I. est écrit sur les ailes d'une chauve-souris placée dans le haut à gauche; on remarque du côté opposé une table de chiffres; au bas sur l'estrade l'année 1514 et le chiffre P. en H. (74).

Belle épreuve d'une pièce estimée.

340 — La copie A du même sens que l'original; dans la marge du bas on lit : Johan Wirigx fecit 1602.

Deux épreuves.

341 — Le Groupe des quatre femmes nues; celle au milieu, vue de dos, est couronnée de lauriers, une autre à gauche, vue aussi par derrière, est coiffée à l'allemande,

les deux autres sont vues par devant. Les ossements et le démon que l'on voit dans cette chambre où sont ces quatre femmes ont fait aussi donner le nom *des sorcières* à cette estampe, mais les initiales O G H écrites sur le globe qui pend au-dessus de leurs têtes qui signifie O Gott hilf! (Oh! mon Dieu! secourez-moi!) semble plutôt indiquer que ces femmes ont recours à Dieu contre la tentation du démon. L'année 1497 est marquée sur le globe et le chiffre au milieu du bas de l'estampe. P. en H. (75).

Épreuve de la plus grande beauté avec deux millimètre, de marge.

342 — Vénus et le Démon de l'impureté près d'un homme endormi, assis et appuyé sur des coussins; sur le devant l'Amour essaie de monter sur des échasses. Le chiffre est gravé au milieu du bas de l'estampe. P. en H. connue sous le titre de *l'Oisiveté* et aussi *le Songe* (76).

Très belle épreuve.

343 — Pandore où la Fortune représentée par une femme ailée, tenant d'une main un vase et de l'autre une bride (\*), elle est élevée sur un globe porté sur des nuages; le bas de la composition offre le village d'Eytas, dans la Haute-Hongrie, lieu originaire de la famille du père d'Albert Durer; à la droite du devant, le chiffre sur une tablette. P. en H. (77).

Belle épreuve ayant appartenu à M. Debois dont elle porte les initiales F. D. à l'encre dans le coin du haut à gauche de l'estampe,

---

\* Dans cette allégorie, on prétend que Durer a voulu exprimer par le vase, que l'orfévrerie exercée par son père, et par la bride, que la profession de son oncle, qui faisait des brides de chevaux, avaient tiré sa famille de l'oubli où elle vivait dans le village d'Eytas pour l'élever à la fortune.

344 — La petite Fortune représentée par une femme nue vue de profil, dirigée à gauche; elle est élevée sur un globe et la main gauche appuyée sur un roseau. Le chiffre est au milieu du bas P. en H. (78).

345 — Le petit courrier; il a une épée à son côté et tient un fouet de la main droite élevée. Au milieu du bas, le chiffre. P. en H. (80).

Très belle épreuve.

346 — La dame à cheval; elle se dirige vers la droite, elle a la main posée sur l'épaule d'un homme qui marche à côté d'elle, portant une hallebarde. Au milieu du bas, le chiffre. P. en H. (82).

347 — Le Paysan et sa Femme, ils dirigent leurs pas vers la gauche de l'estampe. Le chiffre est gravé vers le milieu du bas de l'estampe. P. en H. (83).

Superbe épreuve.

348 — L'Hôtesse et le Cuisinier; ce dernier, placé à gauche, tient de la main droite une poêle et une cuillère à pot. Le chiffre au milieu du bas. P. en H. (84).

349 — Trois Paysans s'entretenant ensemble, celui de droite porte un panier rempli d'œufs. Le chiffre au milieu du bas. P. en H. (86).

Très belle épreuve.

350 — L'Enseigne. Un soldat allemand tenant un drapeau sur lequel est représentée la devise des ducs de Brunswick. Sur une souche d'arbre, à gauche, la tablette avec le chiffre. P. en H. (87).

351 — Assemblée de gens de guerre : près d'un officier, trois militaires, dont un est appuyé sur sa hallebarde;

plus loin, du côté gauche, un autre soldat armé d'une pique semble parler à un cavalier turc. Au milieu du bas, le chiffre en caractères gothiques, marque des premiers ouvrages d'*Albert Durer*. P. en H. (88).

Très jolie pièce intéressante pour les costumes; elle est doublée.

352 — Le Paysan du marché ; il est à droite, debout, à côté d'une vieille femme qui tient une poule. Au bas vers la droite, sur une pierre, le chiffre ; l'année 1512 dans le haut. P. en H. (89).

353 — Le Branle, Danse exécutée par un paysan qui montre le dos et une paysanne lui donnant la main et dirigeant ses pas vers la droite. Le chiffre et l'année 1514 au milieu du haut à gauche. P. en H. (90).

354 — Le Joueur de Cornemuse ; il est appuyé contre un arbre à droite, vers le bas à gauche, l'année 1514 et le chiffre P. H. (91).

Très belle épreuve.

355 — Un Vieillard sec et décharné faisant violence à une femme assise près de lui sur un siége de gazon. Morceau sans marque regardé comme le premier qu'ait gravé *Durer* ; il est connu sous le titre du *Violent*. P. en H. (92).

Belle épreuve d'un morceau rare. Collections *Boutourlin* et *M. Debois*.

356 — Un Vieillard mettant la main à son escarcelle pour obtenir les faveurs d'une femme près de laquelle il est assis. Le chiffre est au milieu du bas. Morceau dit les *Offres d'amour*. P. en H. (93).

357 — Représentation d'un pourceau monstrueux vu de profil et dirigé vers la droite. Le fond offre la vue d'un

château-fort. Le chiffre est au milieu du bas de l'estampe. P. en H. (95).

358 — Le Petit Cheval sans selle et sans bride vu de profil et tourné vers la gauche ; sur une pierre dans le bas, le chiffre, et en haut à travers l'arcade, l'année 1515. P. en H. (96).

359 — Le Grand Cheval tenu par la bride par un guerrier armé d'une hallebarde et ayant casque en tête ; il dirige ses pas vers la gauche. Dans le coin à droite, le chiffre, dans le haut l'année 1505. P. en H. (97).

360 — Un cavalier armé de toutes pièces, suivi par la mort qui lui présente un sablier, et par le démon. Sur la tablette placée à la gauche du devant, la lettre S, l'année 1513 et le chiffre. P. en H. (98). Ce morceau capital, connu sous le titre du *Cheval de la Mort*, est au nombre de ceux que Durer a le plus finis.

Belle épreuve.

361 — La même estampe (B. 98).

362 — Copie A du même sens que l'original, mais où l'année et la lettre S ne se trouvent pas sur la tablette.

363 — Copie en contre partie non décrite, et fort bien gravée. A droite la tablette avec la date de 1564.

364 — Le canon, sur le devant à gauche d'un paysage d'une vaste étendue ; à droite plusieurs guerriers. Dans le coin du haut à gauche, le chiffre et l'année 1518. P. en L. (99).

365 — Des armoiries où l'on voit un lion rampant, couronné d'un casque garni de ses lambrequins et sur-

monté d'un coq, le chiffre vers le bas à droite. P. en H. (100).

Belle épreuve d'une estampe d'une parfaite exécution. Collection *Boutourlin* et *M. Debois*.

366 — Un écusson avec la tête de mort. Il est couronné d'un casque garni de ses lambrequins et supporté par un sauvage et une femme habillée à l'allemande à laquelle il veut donner un baiser. L'année 1503 et le chiffre sont marqués sur une pierre au bas de l'estampe. P. en H. (101).

Très belle épreuve d'un morceau exécuté avec art et l'un des plus estimés du maître.

367 — Copie A, assez trompeuse, gravée par J. Wierix.

Très belle épreuve.

368 — Albert de Mayence, vu à mi corps de profil et dirigé vers la droite. Le chiffre marqué au bas à gauche. On lit dans la marge du haut 1523, Sıc ocvlos... anno ætatis. svæ xxxviiii, et dans le bas quatre lignes d'écriture, Albertvs..... etc. P. en H. (103).

369 — Frédéric, électeur de Saxe, vu en buste de face et tourné un peu vers la gauche. Dans les deux coins du haut de l'estampe les deux écussons armoriés de Saxe. Dans la tablette du bas, sept lignes et la date de 1524. P. en H. (104).

370 — Philippe Melanchton, célèbre réformateur né en 1407. Il est vu à mi corps et de profil, tourné à droite. Dans une tablette, dans le bas, on lit : 1526 Viventes... etc., et le chiffre. P. en H. (105).

Très belle épreuve.

371. — Bilibald Pirkheimer, sénateur du Nuremberg, homme de lettres et l'un des amis intimes de Dürer, vu à mi-corps de trois quarts, tourné à gauche. Au bas, dans une tablette, quatre lignes de titre, l'année MDXXIV et le chiffre. P. en H. (106).

372 — Erasme de Rotterdam, représenté à mi-corps assis dans son cabinet ; sur une très grande table blanche placée à la gauche du fond, on lit : IMAGO ERASMI ROTERDAMI AB ALBERTO DURERO AD VIVAM EFFIGIAM DELINEATA. Plus bas en caractères grecs, se traduisant par ces mots, il est encore plus connu par ses ouvrages. Au-dessous l'année 1526 et le chiffre. P. en H. (107). Morceau rare.

## PIÈCES GRAVÉES EN BOIS.

373 — La Passion de Jésus-Christ, suite de douze pièces, marquées du chiffre et quatre de l'année 1510. P. en H. (n° 4—15).

374 — La Passion de Jésus-Christ, suite de trente-sept pièces, avec le chiffre de Durer et deux seulement datées de 1509 et 1510. P. en H. (16 à 52).

Manque le titre n. 16.

375 — Le martyre de saint Jean l'évangeliste. Le chiffre au milieu du bas. P. en H. (61).

Épreuve avant l'écriture au verso.

376 — La femme revêtue du soleil, le dragon roux à

sept têtes. Chap. XII. V. 1—5 de l'Apocalypse. Le chiffre au milieu du bas. P. en H. (71).

5   377 — Les fiançailles de la Vierge et de saint Joseph. La tablette avec le chiffre au milieu du bas. P. en H. (82).
Épreuve avant l'écriture au verso.

3   378 — La Vierge, l'Enfant Jésus, saint Joseph et deux Anges. La tablette avec le chiffre au bas à gauche. P. en H. (100).

4   379 — Saint Jérome dans sa cellule, le lion couché sur le devant à gauche. Au bas de la droite le chiffre et l'année 1511. P. en H. (114).

5   380 — Les supplices des dix mille martyrs de Nicomédie en Bythinie, dont la fête se célèbre le 18 mars. Le chiffre au milieu du bas. P. en H. (117).

2   381 Un saint qui se mortifie avec la discipline. Au haut à gauche le chiffre et l'année 1510. P. en H. (119).

    382 — Un homme à cheval allant au galop vers la gauche. Le chiffre au milieu du bas. P. en H. (131).

7   383 — Six ronds d'ornements de dessins de broderie en blanc sur fond noir. Suite de six planches dites les dédales (n° 140 à 145). De cette suite nous avons les n° 140, 142, 145, le n° 142 double avant et avec le chiffre de Durer, et le n° 143 aussi double.
Cinq estampes.

16  384 — *Ulric Varnbuler*, vu presque de profil et tourné vers la droite. Dans la marge du haut est écrit ULRICHVS VARNBVLER ZC M.D.XXII. Dans un cartouche à mi hau-

teur de la droite de l'estampe, une inscription en sept lignes. P. en H. (155).

385 — Portrait d'Albert Durer, vu de profil, au haut à gauche les armoiries de Durer et l'année 1527. P. en H. (156).

386 — Ecusson offrant un homme sauvage qui court, sonnant d'un cor de chasse, et tenant deux levriers à la lesse. Le chiffre de Durer sur un vase à droite, au milieu du haut on lit *Soli Deo gloria*. P. en H. (170).

**CRANAC** (Lucas), peintre particulièrement de portraits, né en 1470, à *Kronach*, en Franconie, mort à Weimar en 1553. (*Bartsch*, vol. VII.)

387 — Sainte Marie l'égyptienne transportée au ciel par les anges. Au bas à droite les lettres C. L. et l'année 1506. P. en H. (72) gravée en bois.

388 — Un Ange tenant une balance à deux bassins, dont l'un renferme un homme innocent, l'autre plusieurs démons. Le chiffre et l'année 1506 au bas, à gauche. P. en H. (75) gravée en bois. Elle est rognée du haut.

389 — La Décollation de Saint Jean-Baptiste. Le dragon est marqué dans le coin du bas, à droite. P. en H. (62) gravée en bois.

390 — Le Jugement de Pâris. Vers la droite du bas, les lettres L C et l'année 1508. P. en H. (114) gravée en bois.

391 — Un Tournoi. Les lettres L C et l'année 1509 sont marquées au milieu d'en bas, un peu vers la droite. P. en L. (127) gravée en bois.

Belle épreuve d'une pièce curieuse pour les costumes.

**JEAN ULRIC PILGRIM**, dit le Maître aux Bourdons croisés. (*Bartsch*, vol. VII, n° 191 des Monogrammes.) On attribue à ce maître l'invention des gravures en clair obscur.

392 — La Vierge assise dans un jardin, ayant sur ses genoux l'Enfant-Jésus qui tourne le feuillet d'un livre (2). Au bas, à gauche, la tablette avec le chiffre. P. en H.

Cette rare et jolie pièce est en camaïeux à deux planches fond vert rehaut blanc.

393 — Un Cavalier armé de toutes pièces, tenant de la main droite un grand espadon; il est accompagné d'un hallebardier à pied (10). P. en H, gravée en bois. Camaïeux gris à deux planches.

Pièce très curieuse pour les costumes.

**MAÎTRE AU CADUCÉE** (Jacques de Barbary ou François de Babylone, dit le). (*Bartsch*, tom. VII, p. 516.)

394 — La Sainte-Famille (5). Au haut, vers la gauche, un caducée, marque du maître. P. en L.

Belle épreuve d'une jolie pièce d'un maître dont les estampes se rencontrent difficilement.

395 — L'Homme portant le berceau (11). Le caducée à la droite du bas. P. en H.

396 — Le Soleil sous la figure d'Apollon, debout sur une sphère céleste, il tire de l'arc vers la droite; au bas du même côté, la Lune sous la figure de Diane (16). Au coin du haut, à gauche, le caducée. P. en H.

ès belle épreuve.

397 — Trois Hommes nus attachés à un arbre (17). Le caducée est gravé à la droite du bas. P. en H.

Belle épreuve d'une jolie pièce.

398 — Sacrifice à Priape. Sa statue est environnée de femmes qui célèbrent ses fêtes dans un bois. Le caducée au milieu de l'estampe (21). P. en L.

399 — La Victoire représentée par une femme ailée couchée sur des trophées d'armes antiques. Le caducée est gravé au milieu du haut (23). P. en L.

400 — Copies des n°s 7, Saint-Jérome; 10, la Fileuse; 11, l'Homme au berceau. Gravés sur une planche en contre-partie, et sur cette même planche une figure de femme avec le chiffre de *Marc-Antoine*.

**HANS BEAUDOIN GRUN.** (*Bartsch*, vol. VII, n° 126 des Monogrammes.

401 — Saint-Sébastien. Le chiffre et la date de 1514 au coin du bas, à droite. P. en H. (37).

**BEHAM** (Hans Sebald), né à Nuremberg vers 1500, mort à Francfort vers 1550. (*Bartsch*, vol. 8, p. 112.)

402 — Judith. Elle est assise sous une arcade et presque nue; elle tient un glaive de la main droite et de l'autre la tête d'Holopherne. Au milieu du haut, le chiffre et l'année 1547. P. en H. (12).

**PENCZ** (George), peintre et graveur, né à Nuremberg vers 1500, mort à Breslau en 1550. Élève d'Albert Durer, il alla à Rome où il grava plusieurs estampes sous la conduite de Marc-Antoine. (*Bartsch*, vol. VIII, p. 319.)

403 — La prise de Carthage. Sur une tour ronde qui occupe le milieu de l'estampe, est écrit: *Julius Romanus inventor*. Au milieu du bas est le chiffre de *George*

*Pencz*, et un peu vers la droite se voit une tablette avec cette légende : GEORGIVS PENCZ PETCTOR NVRNBERG FACIEBAT, ANNO M. D. IXXXXIX.

Très belle épreuve d'un premier état avant l'adresse de *Salamanca exc*. Ce morceau, le plus considérable de l'œuvre de *Pencz*, est très rare à trouver de cet état. Collections *Denon* et de *M. Debois*.

404 — Mutius Scevola se brûlant la main droite en présence de Porsenna. P. en H. (74).

Belle épreuve. Collection de *M. Debois*.

405 — Marcus Curtius se dévouant à sa patrie en se précipitant dans un gouffre. P. en H (75).

Belle épreuve. Collection de *M. Debois*.

**ALDEGREVER** (Henri), né à Soest, en Westphalie, en 1502, élève d'Albert Durer. (*Bartsch*, vol. VIII, p. 362.)

406 — Henri Aldegrever à l'âge de 35 ans. P. en H. (189) gravée en 1537.

Belle épreuve. Collection de M. le colonel de *Lacombe*.

407 — La Prostituée de Babylone, partie supérieure d'une gaine. P. en H. Le monogramme et la date de 1528 (226).

**BROSAMER** (Hans), florissait entre les années 1537 et 1550 (*Bartsch*, vol. VIII, p. 455.)

408 — Un palefrenier endormi dans une écurie. Au bas, à droite, le chiffre. P. en H. (15) gravée en bois.

**HOPFER** (Jérôme, Daniel et Lambert les). Ce sont ces graveurs que Marolles appelait les maîtres aux chandeliers; les ornements dont ils ont enrichi leurs estampes semblent indiquer qu'ils étaient orfèvres. (*Bartsch*, vol. VIII, p. 472.)

*David Funck*, qui possédait 230 planches de ces artistes, les a publiées sous le titre *Opera Hopferiana;* elles portent des numéros.

409 — Adam et Eve (1). Le chiffre est au coin du bas, à droite. P. en H. Copie d'*Albert Durer*.

410 — Pilate jugeant Jésus-Christ. La marque de *Daniel Hopfer* au milieu du bas. P. en H. (9).

411 Un Crucifix placé dans une niche décorée d'architecture. La marque de *Daniel Hopfer* au milieu du bas. P. en H. (13).

412 — La Déesse tutélaire de la ville de Rome. Au bas est gravée la lettre I. D. H. *Jérôme Hopfer* et le mot *Roma*. P. en H. (37).

413 — La Vierge assise sous un portique vis-à-vis Élisabeth qui tend les bras vers l'Enfant-Jésus. La marque de *Daniel Hopfer* vers le haut à droite. P. en H. (39). Épreuve avant le numéro.

414 — Combat entre deux Tritons. La marque de *Daniel Hopfer* au milieu du bas. P. en L. (48). Morceau gravé d'après une estampe de *Mantegna*.

415 — Trois Soldats allemands. La marque de D. Hopfer vers la droite, à mi-hauteur de la planche. P. en H. (65).
Belle épreuve avant le numéro. Pièce curieuse pour les costumes.

416 — Fête de Village. La marque de *D. Hopfer* au coin, à droite (74). Le deuxième morceau de droite.

417 — Saint Georges. La marque de *Daniel Hopfer*. P. en H. (41).

418 — Composition en trois compartiments, représentant des sujets de l'Évangile. Celui de gauche représente Jésus guérissant les Boiteux, celui du milieu les Pélerins d'Emaüs. Dans le milieu du bas sur le socle d'une colonne la marque de Daniel Hopfer. Dans le haut trois légendes de six, sept et neuf lignes d'écriture. H. 15 c. L. 60 c.

Belle pièce très rare non décrite.

**ANONYMES ALLEMANDS** aux XV$^e$ et XVI$^e$ siècles, graveurs sur cuivre, NON DÉCRITS.

419 — Pyrame et Thisbé. Cette dernière se donne la mort à la vue du corps de son amant étendu sans vie à gauche au-dessous d'une fontaine où se voit le monogramme du maître, formé d'un A et d'un I, et la date de 1516. L. 16 c. H. 11 c. 9 m.

Belle pièce que ne décrit pas Bartsch, mais que mentionne Bruliot dans son ouvrage, vol. 1, pag. 65. Il place cette pièce dans l'école allemande; mais le bon goût du dessin et son genre de burin nous porteraient à croire qu'elle a été exécutée en Italie.

419 bis — *L'Historien des premiers Hommes.* A gauche de ce morceau, un homme couvert d'une large robe, et coiffé d'un bonnet, est assis occupé à écrire l'histoire d'Adam et Eve placés debout devant lui, une feuille de vigne à leur main gauche et la droite sur leur poitrine. Derrière Ève, près du bord droit de l'estampe, deux chiens jouant ensemble. Le fond offre un portique cintré, divisé au milieu par une colonne, par ces deux ouvertures on remarque quatre épisodes de la vie d'Adam et Eve. H. 0,184 mil. L. 0,165 mil.

Cette jolie pièce dont la gravure rappelle Israël de Mecken, diffère du sujet analogue décrit par Bartsch, vol. x, p. 37, en ce que elle est de beaucoup moins haute (Bartsch donne 10 p. 9 lig. de H.) et que le levrier jouant avec un singe ne s'y trouve pas. Il ne parle pas des deux chiens jouant ensemble qui se trouvent dans notre estampe que cite aussi particulièrement M. Duchesne dans son Voyage d'un Iconophile. Collection *Delbecq*.

420 — Les deux Génies et la Lionne, d'après Raphael. Copie en contre partie de l'estampe, par le maître, au monogramme, cité par *Bartsch, vol. IX, pag. 24.* Cette copie ne porte pas de monogramme dans la tablette, on lit au lieu de la date 1537 celle de 1546. *Bartsch* ne cite pas cette estampe.

421 — La sainte Vierge debout, l'Enfant-Jésus dans ses bras, à droite un Évêque à genoux adorant l'Enfant-Jésus, au-dessus de sa tête une banderolle avec inscription, dans la marge du bas et celle du haut deux inscriptions et la date de 1477. P. en H. (Bartsch, vol. X, p. 16).

422 — Vierge debout sur un croissant, l'Enfant-Jésus dans ses bras, deux Anges tiennent une couronne avec étoiles au-dessus de sa tête, à gauche, à genoux en adoration un moine, au-dessous de sa robe au coin du bas un monogramme non expliqué. Au bas de l'estampe et en occupant les deux tiers, sept lignes de prière en latin et en caractères gothiques. H. 11. c. L. 9. c. 8 m.

Joli morceau finement gravé, inédit.

423 — Notre Dame à la châsse. Deux grands anges soutiennent une châsse dessus laquelle est la Vierge et l'Enfant-Jésus entouré d'une brillante auréole; dessous, entre ces deux anges, deux petites figures d'un

évêque à droite, et d'un chevalier à gauche ; le fond offre un fleuve et au-delà un rocher surmonté d'une ville. Diam. 063 m.

Jolie pièce non décrite d'un travail très fin; elle vient de la collection *Delbecq* où elle passait pour un nielle.

424 — Le Crucifiement. Au milieu d'un rond entouré de pointes et de flammes, le Christ en croix, la Vierge debout à gauche et saint Jean à droite, derrière chacun d'eux un chérubin. Au bas de la croix trois clous en forme de monogramme ; ce rond est renfermé dans un cercle formé par onze têtes de chérubins qui se tiennent par l'extrémité des ailes. Non décrite. Diam. 078 m.

Cette pièce paraît avoir été faite par un orfèvre pour servir à un objet destiné au culte, peut-être pour un moule à hostie. Collection *Delbecq*.

425 — La Vierge couronnée par deux anges est assise sur un parterre émaillé de fleurs et plantes, elle tient sur ses genoux l'Enfant-Jésus. Pièce ronde, diamètre 062 mil.

Jolie petite pièce non décrite.

426 — Trois Saints et Sainte. Le Saint du milieu tient une bêche ; la Sainte placée à sa gauche, tient une épée dont la pointe est appuyée sur une roue, ce qui semble indiquer sainte Catherine ; le Saint qui est à sa droite tient une flèche de sa main gauche. P. en H.

Pièce non décrite.

**ROBERT** ou **RUPERT**, prince palatin du Rhin, né vers 1620, mort à Londres en 1682, amiral d'Angleterre. Ce fut ce personnage, si connu par sa bravoure et son attachement à la cause de Charles I$^{er}$, qui, revenant à Londres lors du retour de Charles II, communiqua à quelques artistes son secret de la gravure en manière noire, qu'il tenait du *lieutenant-colonel de Siegen.* (*Voyez*, pour l'histoire de la gravure en manière noire, l'excellent ouvrage de M. le comte Léon de la Borde.)

427 — Portrait du prince Rupert; il est représenté à mi-corps, coiffé d'une toque à plumes et tourné vers la gauche, le regard de face, appuyé sur une table, la tête dans sa main droite et paraissant réfléchir. H. 21 c. 5 m., L. 17 c. 3 m.

Estampe de la plus grande rareté; on n'en connaît que deux épreuves; la seconde est dans la collection du British Museum.

427 *bis* — Copie de ce portrait gravé aussi en manière noire, par *W. Waillant* en contre partie.

BRY (Jean-Théodore de), dessinateur et graveur au burin, né à Liége en 1528, mort à Francfort en 1598, et J. T. DE BRY, son fils.

428 — Le Bal. Six cavaliers et six dames dansant au son des instruments de quatre musiciens placés à la gauche de l'estampe. *De Bry fec.* et *exc.*

529 — Un Homme nu sortant du bain, il est servi par cinq femmes et un homme qui sont nus aussi. Pièce ronde entourée d'arabasques. *Jehan Theodore De Bry excudebat.* — L'Automne, Folie et Orgueil, le Capitaine des folies, le Capitaine prudent, et Vierge et Enfant-Jésus, ces sujets entourés d'arabesques. Cinq pièces, quatre sont rondes, à une d'elles la date de 1598.

## GRAVURES SUR BOIS.

**MAITRES INCONNUS**, graveurs en bois aux XV⁰ et XVI⁰ siècles, morceaux NON DÉCRITS.

430 — XYLOGRAPHIE. *Apocalypse selon saint Jean.* Cinq planches marquées G. H. I. K. L.; et une planche marquée K et qui n'offre pas la même composition que le K de la même série, elles sont imprimées en encre bistrée; deux sont coloriées. Ces planches gravées en tables de bois avant l'invention des caractères mobiles, font partie de la suite de l'Apocalypse selon saint Jean, on connaît la rareté de cet ouvrage. (Voir HEINECKEN, *qui le décrit ainsi que la Bible des Pauvres, l'Ars moriendi, la Vie de la Vierge et autres ouvrages xylographiques de la plus grande rareté*).

Collection *Delbecq.*

432 — Dans un intérieur gothique, des personnages : évêques, rois et dames à genoux, sont couverts du manteau d'une sainte debout à gauche tenant des flèches, et aussi du manteau d'un saint guerrier qui tient une bague de la main droite élevée. H. 24 c. 5 m. L. 17 c. 5 m.

Morceau inédit et très rare; il est légèrement colorié, c'est une de ces images qui ont précédé l'imprimerie en caractère. Son procédé de gravure se rapproche pour les fonds du genre de celui attribué à Bernard Milnet maitre de 1454, dont parle M. Duchesne dans son *Essai sur les Nielles.*

433 — Saint Pierre et saint Paul, premiers ermites. Cette estampe représente quatre épisodes de leur vie d'anachorètes; celle du coin du haut gauche les représente

au moment où l'aigle leur apporte leur nourriture. H. 19 c. L. 12 c.

Morceau gravé en bois, très gothique; il est colorié.

434 — Christ en croix. Des anges reçoivent son sang dans des calices. Au pied de la croix la Madeleine, à droite saint Jean, à gauche la Vierge, un double trait entoure le sujet, au-dessus de la croix le soleil et la lune. H. 42 c. L. 27 c.

Morceau inédit gravé en bois d'un style très gothique.

435 — Saint Marc. Il est debout, dans un intérieur gothique, en costume de cardinal, il tient des livres sous son bras droit; son lion vient le caresser. Ce sujet est entouré d'une bordure à fond noir avec des animaux chimériques et des mascarons. H. 18 c. L. 10 c. 3 m.

436 — Image de la Mort. Trois squelettes dansant au son d'une flûte dont joue un quatrième; un autre squelette sort d'une tombe encore enveloppé d'un linceul. On lit dans la marge du haut, en caractères gothiques : IMAGO MORTIS, et dans la marge du bas dix lignes d'écriture en caractères gothiques, *morte*..... H. 27 c. L. 22 c.

Pièce inédite bien gravée en bois dans le goût des planches de la Chronique de Nuremberg.

437 — Erasme de Rotterdam. Il est représenté en pied sous un portique d'une riche ornementation, la main droite appuyée sur un terme; dans un cartouche du bas on lit quatre lignes, *Pallas*..... Cette pièce est très joliment gravée en bois, d'après Holbein. Elle a dû servir de frontispice aux œuvres d'Erasme. P. en H.

438 — Christ en croix. Trois anges reçoivent le sang du Seigneur dans des calices. Celui placé dans le haut à gauche tient un calice de chaque main. P. en H., gravée sur bois.

439 — Jésus-Christ, les douze Apôtres et saint Paul. Suite de quatorze pièces; ces figures sont représentées en pied. Le nom de chaque apôtre est imprimé dans le haut de l'estampe. Pièces sans marques, gravées en bois par un anonyme.

440 — Rodolphe II, empereur d'Allemagne. Il est représenté en pied, en riche costume. Au verso ses armes. P. en H., très bien gravée en bois.

441 — Modèles d'écriture, de lettres ornées, gravés sur bois, vers 1550. Soixante-neuf pièces.

442 — Quatre paysages gravés en camaïeux, à chacun le chiffre de *Goltzius*. P. en L. (B. 242 à 245).

443 — Estampe allégorique sur les jésuites en Allemagne.

444 — Jupiter et Antiope. Jolie pièce gravée à l'eau forte. Elle est de forme ronde.

## TROISIÈME PARTIE.

# ÉCOLE FLAMANDE.

**Graveurs des XV°, XVI° et XVII° Siècles.**

### MAITRES INCONNUS DU XV° SIÈCLE.

445 — Saint Pierre, Saint-Paul tenant le linge de Sainte Véronique. H. 101 m. L. 68.
— Célébration de la messe. Petite pièce circulaire collée dans une lettre peinte en rouge Diam. 23 mil.
— Saint Benoit, Sainte Scholastique et Sainte Godelève martyre. H. 106 m. L. 68 m.
— Dieu défend à Adam et Eve de cueillir le fruit de l'arbre de vie. H. 68 m. L. 50 m.
— La Chute d'Eve. H. 68 m. L. 52 m.
— La Visitation. H. 72 m. L. 52 m.
— La Nativité. H. 77. L. 54 m.
— Fuite en Egypte. H. 78 m. L. 52 m.
— Jésus à table entre deux de ses disciples. H. 88 m. L. 65 m.
— Descente de Croix. H. 79 m. L. 59 m.
— Sainte Véronique. H. 79 m. L. 54 m.
— La Vierge, l'Enfant-Jésus et un Ange. H. 65 m. L. 50 m.

Ces treize pièces sont mentionnées au catalogue de la collection Delbecq comme non décrites et provenant d'un manuscrit de la bibliothèque de l'ancienne abbaye de Saint-Pierre, à Gand. Chacune de ces estampes, gravées sur métal est collée sur la feuille du manuscrit, entre des lignes d'écritures en haut et en bas et entourée d'une bordure d'ornements légers, peints à l'eau. Toutes sont inconnues à tous les iconographes et introuvables dans toutes les collections publiques et particulières.

Collection *Dolbecq*, nos 14, 16, 21, 22, 26, 27, 29, 60, 65, 66, 67 et 69. Cet article sera divisé.

446 — Jésus portant sa Croix. Un des bourreaux marche en avant, tenant une corde attachée au Christ, quatre soldats suivent, deux portent des massues, la Vierge suit par derrière ; la marche se dirige vers la droite. Au verso de ce sujet, la Flagellation. Le Christ se dirigeant à droite, est nu au milieu de quatre bourreaux dont un le frappe par derrière de ses deux mains. H. 70 m. L. 57 m.

Morceau inédit enluminé du temps.

447 — Une Dame châtelaine et un Troubadour jouant de la guitare au milieu d'un paysage dont le fond représente une ville. A gauche, au coin, une fontaine où se voit une date illisible. H. 20 c. L. 12 c., cintré.

Morceau sur cuivre inédit.

**JEAN VALTER VAN ASSEN** a vécu à Amsterdam vers 1517. (Voyez pour son monogramme *Bartsch*, vol. VII, p. 444). Bruliot, vol. I, p. 3, d'après Ch. Mander, explique ce monogramme par Jacques Corneliz van Oostsanen dans le Vaterland.

448 — Cinq sujets d'une suite de la Passion. A quatre de ces morceaux la marque du maître. H. 110 m. L. 80 m. Morceaux que *Bartsch* ne décrit pas.

**LUCAS DE LEYDE**, peintre et graveur né en Hollande dans la ville dont on lui a donné le surnom, mort en 1533, âgé de 39 ans. (*Bartsch*, vol. VII).

449 — L'Histoire de la Création et de la Chute du pre-

mier homme. Suite de six estampes en hauteur marquées de la lettre L et de l'année 1529 (B. n. 1 à 6).

450. — Eve créée pendant le sommeil d'Adam (1). Vers le haut, au milieu de l'estampe, est l'année 1519 et la lettre L. P. en H.  *13-50*

Très belle épreuve. Collection de *M. Debois*.

451 — Lamech et Caïn (14). La lettre L et l'année 1524 au haut à gauche. P. en H.  *7-50*

Collection de *M. Debois*.

452 — David en prière (28). Vers la gauche du bas, la lettre L. P. en H. Ce morceau paraît être gravé vers 1508.  *36-"*

Très belle épreuve d'une pièce rare.

453 — L'Adoration des Mages. Au bas, vers la gauche, la lettre L, à droite 1513. Cette pièce est une des plus considérables de l'œuvre de Lucas. P. en L. (37).  *30-"*

454 — Saint Joachim et Sainte Anne (34). La lettre L au milieu du bas de l'estampe. P. en H.  *6-"*

Collection *Potoski*.

455 — Le Baptême de Jésus sur les rives du Jourdain. La lettre L. au bas vers la droite. P. en L. (40).  *8-50*

456 — Couronnement d'épines (69). Un écriteau avec la lettre L est à la droite d'en bas. L'année 1519 est marquée sur le mur d'appui de la tribune. P. en H.  *17-"*

Très belle épreuve. Collection *Potoski*.

457 La Vierge avec l'Enfant-Jésus, assise au pied d'un arbre (83). La lettre L et l'année 1514 sont marquées vers le haut de la droite. P. en L.  *27-"*

Belle épreuve d'une jolie pièce.

458 — Saint Jérôme (113). La lettre L est gravée vers le bas à gauche, et l'année 1516 au haut du même côté.

459 — Saint Antoine, l'ermite (116). La lettre L, à gauche, au-dessous d'une cloche. P. en H.
Belle épreuve d'une jolie pièce.

460 — Saint Georges en présence de la princesse qu'il vient de délivrer. Entre ces deux figures se voit un agneau, et le lointain offre Saint Georges combattant le dragon. La lettre L dans une tablette vers la droite du bas. P. en H. (121).

461 — Le Moine Sergius tué par Mahomet qui s'en était servi pour composer son Alcoran. P. en H. Au bas, à gauche, sur un écriteau, la lettre L et la date 1508 (126).
Belle épreuve d'une pièce rare.

462 — Lucrèce (134). Une tablette avec la lettre L, à droite de l'estampe, sur un piédestal. P. en H.

463 — Pyrame et Thisbé (135). La lettre L et l'année marquée sur la fontaine placée à droite. P. en L.

464 — Le poète Virgile suspendu dans un panier. La lettre L et l'année 1525 sont marquées sur une grosse pierre que l'on voit à la gauche d'en bas. P. en H. (136). Vasari fait un grand éloge de cette estampe. Il rapporte qu'*Albert-Durer* avait été tellement frappé de la beauté de cette pièce, qu'il se sentit pressé d'en publier une autre qui pût concourir avec celle de Lucas, et c'est là-dessus qu'il a gravé la célèbre estampe connue sous le nom du *Cheval de la Mort*.

465 — Mars et Vénus (137). L'année 1530 et la lettre L sont marquées à la droite du haut. P. en L.
Epreuve très vigoureuse de la collection de *M. Debois.*

466 — Vénus et l'Amour (138). Un amour porte une banderolle sur laquelle on lit : *Vénus, la très belle déesse des Amours.* Au-dessous de cet Amour est l'année 1508 et la lettre L. P. en H.
Très belle épreuve. Collection *Potoski.*

467 — La Promenade (144). La lettre L est gravée à la droite d'en bas et l'année 1520 à la gauche d'en haut. P. en H.
Belle épreuve d'une jolie pièce à costume.

468 — Le Seigneur et la Dame (145). La lettre L à rebours vers la gauche du bas de l'estampe. Cette pièce est une des premières productions de Lucas. P. en H.

469 — La Dame au bois (146). La lettre L à gauche. P. en H.

470 — Une Composition d'ornements (161). Au haut l'année 1527 et la lettre L au milieu du bas. P. en H.

471 — Les Armes de la ville de Leyde au milieu de quatre ronds (168). La lettre L est vers le milieu du bas de la planche. P. en L.

472 — Deux rinceaux d'ornements avec un Triton et une Syrène.
Au milieu du bas la lettre L. P. en H. (169).
Belle épreuve. Collection *Potoski.*

473 — Le Portrait de Lucas de Leyde (173). Vers la gauche, à mi-hauteur de la planche est la lettre L placée entre les chiffres de l'année 1525. Dans la

marge du bas on lit : *Effigies Lucae Leidensis propria manu incidere.*

Belle épreuve d'un portrait dessiné et gravé par Lucas, en 1525, étant alors âgé de trente et un ans. Collection de *M. le colonel Delacombe.*

474 — Portrait d'un Jeune Homme à mi-corps. Sur la tête une toque garnie de plumes et tenant sous une robe à manches pendantes une tête de mort (174). La lettre L est à la gauche du bas. P. en H.

Ce portrait passe ordinairement pour être celui de Lucas. Tous ceux qui ont écrit sa vie l'affirment et prétendent qu'il le fit dans sa jeunesse. Collection de *M. le colonel Delacombe.*

**RUBENS** (Pierre-Paul), peintre, né à Anvers en 1577, mort dans la même ville en 1640.

476 — Madeleine pénitente s'arrachant les cheveux. P. en H. Cette estampe est attribuée à Rubens, elle est gravée à l'eau forte.

Epreuve rare sans le nom de Rubens, sur la pierre au bas à gauche.

**DYCK** (Antoine Van), peintre, né à Anvers en 1599, mort à Londres en 1641. Voyez pour l'œuvre de ce maître les catalogues *Del Marmol* 1794; *Alibert* 1803; *Paignon Dijonval* 1810; *Silvestre* 1810 et *Debois* 1845.

477 — Jésus insulté par un des bourreaux qui lui présente un roseau ; sujet de demi-figures composé et gravé par *Ant. Van Dyck*, titre : *Ecce Stat....*, etc. P. en H. Morceau dit le *Christ au roseau.*

Première épreuve avant les mots *Aqua forte*, après *inuen.* Collection Saint.

478 — Antoine Van Dyck d'Anvers, peintre de portrait et d'histoire. P. en H.

Première et très rare épreuve, la tête seulement de gravée. Ce portrait a été terminé par Jacques de Neefs et fait le titre de l'*Ico-nographie*. Collection *Saint* où ce portrait a été payé quatre cents francs.

479 — Pierre Breughel le vieux, dit le Drôle de Breughel près Breda, peintre de scènes villageoises. P. en H.

Rare épreuve avant toutes lettres, la planche de ce portrait n'a pas été terminée.

480 — Le même portrait, épreuve avec la lettre.

481 — Adam Van Oort ou Noort, d'Anvers, peintre d'histoire. P. en H.

Epreuve avant toutes lettres et avant le trait carré qui entoure le fond ; la planche de ce portrait n'a pas été terminée. Collection *Franck* et *Gavet*.

482 — Le même portrait, épreuve avec la lettre.

**REMBRANDT** dit **VAN-RYN** (Paul). Il eut pour père un meunier nommé **HERMAN GERRITZEN** surnommé **VAN-RYN**, c'est-à-dire du Rhin, parce qu'il occupait un moulin situé sur les bords d'un canal formé par les eaux du Rhin ; c'est dans ce moulin que *Rembrandt* reçut le jour le 15 juin de l'année 1606 ; il mourut à Amsterdam en 1674. Il existe plusieurs catalogues des gravures de Rembrandt; le premier publié est celui de Gersaint, sur lequel *Bartsch* et de *Claussin* ont publié les leurs.

483 — Portrait de Rembrandt au visage rond. P. en H. (5).

484 — Portrait de Rembrandt au bonnet rond, il est dirigé vers la droite et vêtu d'un manteau bordé d'une fourrure. P. en H. (16).

485 — Portrait de Rembrandt à bonnet et robe fourrée. *Rt*, 1631. P. en H. (14).

486 — Portrait de Rembrandt, au manteau avec le collet pendant. *Rt*, 1631. P. en H. (15).

487 — Portrait de Rembrandt, avec l'écharpe au cou. *Rembrandt f.*, 1633. P. en H. (17).

488 — Portrait de Rembrandt, tenant un sabre. *Rembrandt f.*, 1634. P. en H. (18).

489 — Portrait de Rembrandt, au bonnet orné d'une plume. *Rembrandt f.*, 1638. P. en H. (20).
Belle épreuve. Collection *Poggi*.

490 — Adam et Ève dans le Paradis Terrestre. *Rembrandt f.*, 1638. P. en H. (28).
Belle épreuve du premier état avec le reflet à la cuisse d'Eve. Collection de *M. Debois*.

491 — Abraham qui reçoit les trois anges. *Rembrandt f.* 1656. P. en H. (29).
Belle épreuve avec barbe de la planche. Collection *Poggi*.

492 — Agar renvoyée par Abraham. P. en H. (32).
Morceau rare.

493 — Abraham caressant Isaac. *Rembrandt f.* P. en H. (33).

494 — Joseph en présence de son père et de sa mère, récite ses songes à ses frères. Au bas, à droite, sur une chaufferette : *Rembrandt f.*, 1638. P. en H. (37).
Belle et rare épreuve du premier état, où l'un des frères de Joseph qui est debout derrière lui, a le visage clair.

495 — Mardochée à cheval, revêtu des habits royaux, est conduit en triomphe par Aman. P. en L. (40).
Très belle épreuve des collections *Dufresne* et *M. Debois*

496 — La même estampe, épreuve sur papier de Chine

— 97 —

497 — Présentation au Temple. P. en L. (50).
Morceau rare.

498 — Fuite en Égypte. P. en H. (52).
Plus la contre épreuve.

499 — Fuite en Égypte. *Rembrand fecit.* Morceau dans le goût de la manière noire. P. en H. (53).

500 — Repos en Égypte. Morceau gravé au trait. *Rembrandt f.*, 1645. Tout le sujet est à peine exprimé, l'eau forte n'y ayant pas fait son effet, il est rare. P. en H. (58).

501 — La Vierge et l'Enfant-Jésus sur des nuages, *Rembrandt*, 1641. P. en H. (60).
Collection de M. Debois.

502 — La Sainte-Famille, *Rt.* P. en H. (62).

503 — La Sainte-Famille, *Rembrandt f.*, 1654. P. en H. (63).

504 — Jésus-Christ prêchant au peuple. Le Sauveur est sur un perron au milieu de l'estampe. P. en L. connue sous le nom de la *Petite Tombe* (67).

505 — Le denier de César. P. en L. (68).

506 — Notre-Seigneur guérissant les malades. P. en L. connue sous le nom de la pièce au *Cent Florins* (*), Bartsch (74), P. en L.

Cette pièce la plus capitale du maître pour la vérité d'expression, l'effet admirable et la magie du clair obscur, est ici rare épreuve du premier état de Bartsch, sur papier du Japon avec 2 centimètres de marge, elle vient du cabinet du bourgmestre Six, ami de Rembrandt, et aussi de la collection de M. Debois.

---

* Aussi nommée à cause du prix de cent florins, où cette estampe fut portée du vivant de Rembrandt, la rareté des premières épreuves

7

507 — La même estampe, épreuve du IIe état de Bartsch. La voûte disparue.

508 — La même, IIIe état entièrement retouchée par le capitaine Baillie. Cette planche a été ensuite coupée en plusieurs morceaux.

509 — *Ecce Homo*. Pilate, placé à droite sous un dais, étend le bras gauche et parle aux Juifs ; l'un d'eux, à genoux, tient un roseau à la main ; plus loin, Notre-Seigneur, entouré de satellites, est exposé aux regards du peuple. Au bas, vers la gauche, dans la marge. *Rembrandt f.*, 1636, *cum privil.* P. en H. (B. 77).

Très belle et rare épreuve du deuxième état, avant les contretailles sur le visage du juif dont la tête est vue au-dessus de celui qui tient le roseau à la main. Collection de *M. Michel de Marseille* et de *M. Debois*.

510 — Jésus crucifié entre les deux larrons ; un des disciples de Notre-Seigneur embrasse la croix du Sauveur ; près de là, la Sainte-Vierge, évanouie dans les bras des saintes femmes. On remarque entre le Christ et le bon larron, deux cavaliers. Sur le devant, vers la gauche. *Rembrandt f.*, 1655. P. en H. dite les *Trois Croix*. (B. 78).

Très belle et rare épreuve du deuxième état ; la tête du vieillard qui est dans le groupe à gauche est entièrement terminée, elle est avant la retouche entière de la planche. Collection de *M. Debois*.

---

et le prix auquel elles ont été portées depuis, a plus que justifié le nom de pièce *aux cent florins*.

A Londres, à la vente de *M. Pole Carew* en 1854, une épreuve du même état que celui que nous décrivons, ayant toute sa marge, a été adjugée au prix de 163 livres sterling 16 schilling.

Et à la vente *William Esdailles* en juin 1840, une épreuve même état, même condition, a été adjugée à M. Colnaghi au prix de 231 livres sterling.

511 — La même estampe, belle et rare épreuve du III⁰ état, entièrement terminée.

Collection *Otley*.

512 — Jésus-Christ en croix entre les deux larrons. Ce sujet est gravé d'une manière légère et d'une taille très-fine, sur une planche de forme ovale (79).

513 — Jésus-Christ en croix. *Rembrandt f.*, P. en H. (80).

514 — La Descente de Croix. Cinq hommes descendent le corps de Notre-Seigneur; l'un d'eux, appuyé sur la traverse de la croix, soutient le linceul où pose le corps du Christ. Cette scène est éclairée par les rayons de la lumière céleste. A la droite du devant, un homme et deux saintes femmes étendent un riche tapis pour recevoir le corps du Sauveur. Dans le fond, la ville de Jérusalem. Au bas, dans la marge, *Rembrandt f. cum pryvl.*, 1633. P. en H. (B. 81).

Très belle épreuve du deuxième état avant l'adresse : *Amstelodami Henricum Vlembugensis excudebat*. Collections *du prince Tuffiakin* et *M. Debois*. (\*)

515 — Jésus-Christ mis au tombeau par ses disciples. P. en H. (86).

516 — Les disciples d'Emaüs. *Rembrandt f.*, 1634 P. en H. (88).

517 — La même estampe, la marge où est le nom coupée.

---

(\*) A la vente de feu M. Jecker faite en novembre 1851, une épreuve de cet état a été adjugée au prix de 905 francs.

518 — Jésus-Christ au milieu de ses disciples. *Rembrandt f.*, 1650. P. en L. (89). Morceau légèrement griffonné, il est rare.

519 — Pierre et Jean à la porte du Temple. P. en L. (94).
Belle épreuve du premier état.

520 — Le Martyre de Saint-Étienne. *Rembrandt*, 1635, P. en H. (97).

521 — Saint-Jérôme, au milieu de l'estampe s'élève un gros tronc d'arbre séparé par le haut ; au-dessous on lit : *Rembrandt f.*, 1648. P. en H. (103).
Belle épreuve. Collections *Hisbert* et *M. Debois*.

522 — Saint-Jérôme assis occupé à lire, le saint dont il n'y a que la tête de terminée, le reste étant au trait, est à la gauche de la composition ; dans le fond, un paysage avec fabrique et un petit pont de bois. P. en H. (104).
Belle épreuve d'un morceau rare.

523 — Synagogue des Juifs. *Rembrandt*, 1648. P. en L. (126).

524 — La même estampe, deux épreuves, une imprimée en rouge.

525 — Le Charlatan. *Rembrandt f.*, 1635. P. en H. (129). Très petit morceau gravé avec esprit et légèreté.

526 — Homme méditant. P. en H. (148). Morceau gravé dans le goût de la manière noire, dont l'effet de clair obscur est parfaitement rendu.
Collections *Mariette* et de *M. Robert Dumesnil*.

527 — Le cochon couché sur le côté et dirigé vers la gauche de l'estampe. *Rembrandt f.*, 1643. P. en L. (157).

528 — La coquille connue sous le nom de Damier. *Rembrandt f.*, 1650. Morceau des plus rares de l'œuvre de Rembrandt. P. en L. (159).
Epreuve avec le fond ombré.

529 — Gueux assis sur une motte de terre qui est à gauche. On lit au milieu de la marge du bas *Rt*, 1630, P. en H. (174).
Belle épreuve de la collection de *M. Debois*.

530 — La même estampe.
531 — La copie de l'estampe ci-dessus. Autre copie.
Deux estampes.

532 — Paysan debout. Petit morceau légèrement gravé. P. en H. (180).

533 — Un paysan à gros ventre est dirigé vers la droite, et porte un paquet sur le dos. On lit au bas *Rt.*, 1630. P. en H. (190).
Collection de *M. Debois*.

534 — Une paysanne accroupie au pied d'un arbre qui est sur la gauche de l'estampe, au bas, dans une petite marge, on lit : *Rt*. P. en H. (191).

535 — La femme devant le poêle. P. en H. (197).
Très belle épreuve du troisième état, la clef du poêle supprimée, mais la femme ayant encore le bonnet sur la tête.

536 — La femme à la flèche, elle est vue par le dos et

assise sur un lit entouré de rideaux, et tenant de la main droite une flèche. P. en H. (202).

Belle épreuve d'un morceau très rare. Collection de M. Denon.

537 — Antiope et Jupiter en Satyre. *Rembrandt*, 1659. P. en H. (203).

Belle épreuve du premier état, avant l'inscription *Jupyn, als hy ontfluit.*

538 — Le chasseur. P. en L. (211).

Belle épreuve d'uu morceau rare. Collection de M. Debois.

539 — Un paysage d'un grand effet; la droite est occupée par trois arbres de même hauteur, qui se détachent sur un ciel clair. Au bas de l'estampe, au-dessous des joncs, le nom de Rembrandt très peu marqué, la lettre *f* et l'année 1643 plus visibles. P. en L. (B. 212). Morceau l'un des plus beaux et des plus terminés de Rembrandt, connu sous le nom de *Paysage aux trois arbres* (*).

Superbe épreuve d'une grande vigueur de ton. Collection de M. Debois.

540 — Au bord d'un grand chemin, à droite, un grand arbre et trois chaumières. Au coin du devant, à gauche, *Rembrandt f.*; 1650. P. en L. Morceau cintré dit le Paysage aux trois Chaumières (B. 217).

Très belle et rarissime épreuve du premier état avant les contretailles sur le toit de la troisième chaumière, et avant celle sur plusieurs endroits du chemin en avant des chaumières; elle est couverte des barbes de la planche. Elle vient du cabinet de M. Claussin et de la collection de *M. Debois* à la vente de laquelle elle a été payée 1,700 francs.

---

(*) A la vente de M. Jecker faite en novembre 1851, une épreuve a été adjugée au prix de 715 francs.

541 — Paysage à la tour carrée. Au bas, à droite, on lit : *Rembrandt f.*, 1650. P. en L. (218).

Belle épreuve d'un morceau rare. Collection de *M. Debois*.

542 — Le paysage au dessinateur, gravé d'une pointe légère et très spirituelle. P. en L. (219).

543 — Le bouquet de bois, paysage très rare, gravé entièrement à la pointe sèche ; on lit au bas du même côté : *Rembrandt f.*, 1652. P. en L. (222).

Collection de *M. Debois*.

544 — La grange à foin. Un très joli paysage, fini et bien gravé. On lit dans le bas au-dessous du troupeau de mouton, *Rembrandt f.*, 1636. P. en L. (224) cintrée.

Belle épreuve, plus la contre épreuve. Collection de *M. Debois*.

545 — La chaumière et la grange à foin. Au coin du bas, à droite, *Rembrandt f.*, 1641. P. en L. (225).

Très belle épreuve d'un paysage supérieurement gravé et très fini, l'un des plus beaux de *Rembrandt*. On lit au verso l'autographe suivant au crayon : *Superbe épreuve Bartsch.* Collections *Poggi*, MM. *duc de Rivoli et Debois*.

546 — La barque à la voile, morceau gravé d'une pointe légère et plein de goût. On la trouve toujours faible d'épreuve, l'eau forte ayant peu mordu. P. en L. (228)

Collection de *M. Debois*.

547 — L'Abreuvoir. Morceau qui n'a pas été achevé. *Rembrandt*, 1645. P. en L. (231).

Collection de *M. Debois*.

548 — La compagne du peseur d'or. Morceau rare que Rembrandt a gravé presqu'au trait avec beaucoup d'in-

telligence ; on lit, au coin à gauche : *Rembrandt*, 1651. P. en L. (234).

549 — Le canal avec les cygnes. Au bas à gauche, on lit : *Rembrandt f.*, 1650. P. en L. (235).

Belle épreuve d'un joli paysage. Collection de M. Debois.

550 — Paysage au bateau. Joli paysage, au bas à gauche, on lit : *Rembrandt f.*, 1650. P. en L. (236).

Très belle épreuve avec 004 mil. de marge.

551 — L'abreuvoir à la vache. Paysage gravé d'une pointe fine et spirituelle. P. en L. (237).

Belle épreuve.

552 — Vieillard portant la main à son bonnet. P. en H. (259). Schmidt de Berlin a terminé cette estampe.

Belle épreuve du premier état, il n'y a que la tête et le bras d'achevé. Collection de M. Debois.

553 — Homme à mi-corps à barbe courte et à bonnet fourré. On lit avec bien de la peine au haut à gauche : *Rt.*, 1631. P. en H. (263).

554 — Janus Silvus, ministre d'Amsterdam. On lit dans le fond vers la gauche. *Rembrandt*, 1633. P. en H. (266).

Collection de M. Debois.

555 — Renier Ansloo, ministre anabaptiste. Sur une espèce de paravent, à droite, on lit : *Rembrandt*. P. en H. (271).

Epreuve tirée sur papier du Japon.

556 — Abraham Franco, grand amateur d'estampes. P. en L. (273).

cabinet de M. *Ch. Van Hultem..Gand,* 1846, fort vol. in-8, br.

617 — Catalogue d'une rare et belle collection d'objets d'art, antiquités, tableaux, dessins et belles estampes de feu M. N. Revil. *Paris,* 1845, in-8, br. avec prix.

618 — Catalogue raisonné de la rare et précieuse collection d'estampes anciennes et modernes composant le cabinet de M. *De la Motte-Fouquet. Cologne,* 1847, in-8, br. avec prix.

619 — Collection de quatre-vingt-douze catalogues des ventes d'estampes anciennes et modernes, faites à Paris de 1833 à 1851. Plusieurs avec prix.

— Onze catalogues de ventes d'estampes à Londres et en Allemagne, de 1837 à 1846. *Collections Séguier, Hodges, Robert-Dumesnil, Smith,* etc.

## DESSINS.

620 — Curieux dessin d'ornements à la plume et au bistre attribué à *Baccio Baldini.*

621 — Carrousel de Monseigneur le Dauphin, fils de Louis XIV, 29 dessins à l'aquarelle ; ils offrent une suite de costume aussi curieux que brillants, qui donnent une idée de *la* magnificence des fêtes de la cour à cette époque, 1 vol. gr. in-fol. d.-rel.

622 — Napoléon empereur. Il est à cheval dans un paysage. Dessin à la sepia par Charlet.

623 — L'Amoureux grognard, une jeune paysanne lui fait : *Je t'en ratisse.* Dessin à l'aquarelle, par M. Bellangé.

624 — Deux dessins lavés au bistre, représentant des Jeux d'enfants, par *Clermont* dans le goût de Boucher.

625 — Quatre Bouquets de fleurs, dessins coloriés, par Jean *Van Huysum.* Cet article sera divisé.

626 — Tête de jeune fille, dessin à la sanguine, par *Greuze.*

627 — Deux dessins, croquis au crayon et à la sanguine, par *Antoine Watteau.*

628 — Deux dessins, dont un par *Bloemaert*, Suzanne et les Vieillards.

## ARTICLES OMIS.

629 — Portraits de personnages hollandais, par *Houbraken*, Plus les Portraits de Locke et du prince d'Orange, par *Vertue* et *Tanje.* Sept estampes.

630 — Portraits de Louis Chaubert, gravé en 1760. Crébillon, Descartes, Regnard, etc., huit pièces, par *Fiquet*, plus sept Portraits par *Savart* et *Edelinck.*

631 — Portraits de Bayle, Richelieu, Louis XIV, Colbert et La Bruyère. Cinq estampes par *P. Savart.*

632 — Onze Portraits de personnages français, par divers graveurs.

---

2675   Imprimerie et Lithographie de MAULDE et RENOU,
rue des Fossés-Saint-Germain-l'Auxerrois, 14.

www.ingramcontent.com/pod-product-compliance
Lightning Source LLC
Chambersburg PA
CBHW071200240526
45470CB00017B/600